JÖRG ZITTLAU.
Vertrau auf dein Glück

W0089542

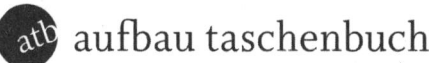
aufbau taschenbuch

JÖRG ZITTLAU ist Philosoph und Psychologe. Er hat bisher über 60 Bücher veröffentlicht, die in 19 Sprachen übersetzt wurden. Er lebt als freier Autor in Bremen. Mit dem Neurobiologen Niels Birbaumer schrieb er den Bestseller »Dein Gehirn weiß mehr, als du denkst« – das Buch wurde zum Wissenschaftsbuch des Jahres gewählt.

Von Platon bis Nietzsche, von Konfuzius bis zu asiatischen Zen-Meistern – über hundert wunderschöne und treffsichere Lebensweisheiten holt der Wissenschaftsjournalist Jörg Zittlau aus dem Schatz der Philosophen empor. Und damit sie auch für den Nicht-Philosophen nutzbar sind, werden sie von ihm anschaulich und praxisnah erklärt. Ohne erhobenen Zeigefinger, doch dafür mit einer konsequenten Prise Humor. Denn das sollte dann eine philosophische Gebrauchsanleitung zum Leben von anderen Gebrauchsanweisungen unterscheiden: dass es nämlich Spaß macht, sie zu lesen.

Jörg Zittlau

VERTRAU AUF DEIN GLÜCK

Eine philosophische
Gebrauchsanleitung
für den Alltag

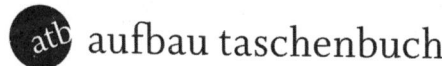 aufbau taschenbuch

MIX
Papier aus verantwor-
tungsvollen Quellen
FSC® C083411

ISBN 978-3-7466-3227-8

Aufbau Taschenbuch ist eine Marke
der Aufbau Verlag GmbH & Co. KG

1. Auflage 2016
© Aufbau Verlag GmbH & Co. KG, Berlin 2016
Umschlaggestaltung www.buerosued.de, München
unter Verwendung eines Motivs von www.buerosued.de
© Susanne Böhme
Gesetzt in der Aldus durch die LVD GmbH, Berlin
Druck und Binden CPI books GmbH, Leck, Germany
Printed in Germany

www.aufbau-verlag.de

INHALT

Können Philosophen eine Gebrauchsanweisung fürs Leben schreiben?

Eigentlich sollte das Leben leichter geworden sein. Denn der technische Fortschritt hat uns viele Lasten des Alltags abgenommen. Man denke nur ans Geschirrspülen und an den Fahrkartenkauf per Internet. Zum Hören von Musik müssen wir nur noch zur Fernbedienung greifen oder sachte aufs iPad tippen, und wenn wir krank sind, gehen wir einfach zum Arzt und holen uns ein paar Pillen. Das Einzige, was wir noch tun müssen: Gebrauchsanweisungen lesen. Doch so richtig scheint das nicht zu funktionieren. Die Dinge funktionieren zwar mehr oder weniger, doch unser Leben tut es nicht.

Jede zweite Ehe wird geschieden; die Männer- und Frauenrollen wandeln sich; unsere Kinder werden immer dicker; die Gerichte sind wegen unserer Prozesswut rettungslos überlastet; die Pillen der Medizin offenbaren sich als Etikettenschwindel, die Ärzte hören uns nicht mehr zu, und den Weg zur

Kirche haben wir vergessen. Stattdessen haben wir Angst vor Alter, Krankheiten, Zukunft, Arbeitslosigkeit, Partnerschaftskrisen und Terror. Die uralten zerstörerischen Gefühle wie Neid, Wut, Furcht, Gier, Lethargie und Ignoranz, sie sind geblieben und haben sich im Zuge des Fortschritts sogar verstärkt. Wir ahnen, dass wir uns mit ihnen ernsthaft beschäftigen müssen, wenn unser Leben wenigstens ansatzweise glücklich werden soll. Doch irgendwie haben wir die Gebrauchsanweisung dazu verlegt.

Doch gibt es überhaupt eine Gebrauchsanweisung, die uns zeigen könnte, wie man richtig lebt?

Ja, es gibt sie: in der Philosophie. Was zunächst erstaunlich wirkt, insofern Philosophen sich oft in Sphären bewegen, die nicht gerade nach Alltag klingen. Sokrates nervte seine griechischen Landsleute mit solchen Fragen wie »Was ist Tapferkeit?« und »Was ist Frömmigkeit?«. Immanuel Kant beschäftigte sich mit dem »Ding an sich« und propagierte den »kategorischen Imperativ«. Georg Wilhelm Friedrich Hegel schwärmte vom Geist als das »absolut Erste« der Natur, in dem die Idee »zu ihrem Fürsichsein« gelangt. Friedrich Nietzsche schickte den »Über-Menschen« mit seiner Lehre von der »ewigen Wiederkehr des Gleichen« in die

Welt, und Sören Kierkegaard lässt uns schaudern ob der Verzweiflung, die den Menschen in Anbetracht des Nichts seiner Existenz überfällt. Da fallen Begriffe wie »Ontologie«, »Metaphysik« und »Erkenntnistheorie«, und Philosophen wie Spinoza und Wittgenstein wählten für ihre Traktate die Ausdrucksform der Mathematik, damit gar nicht erst jemand auf die Idee kommt, ihnen zu widersprechen. Das klingt alles klug und originell, doch nicht unbedingt nach dem, was im Alltag passiert. Unser Ärger mit missgünstigen Kollegen, unsere Probleme, die Kinder morgens pünktlich zur Schule zu kriegen, unsere Ängste, wenn der Magen schmerzt oder sich ein merkwürdiger brauner Fleck auf unserer Haut zeigt, oder wieder ein Flugzeug abgestürzt und ein Zwischenfall im AKW passiert ist – wird das überhaupt irgendwo in der Philosophie thematisiert? Und wenn, wird es dann auch so thematisiert, dass es mir helfen kann und nicht bloß ein abstraktes und kluges Dozieren ist, das mir in keiner Weise weiterhilft?

Die Antwort ist auch hier wieder: ein klares Ja! Sicherlich, einige Denkerköpfe verloren sich in hirnakrobatischen Spielereien, die bloß noch für Eingeweihte nachvollziehbar sind. Man denke nur an Heideggers »Das Nichts nichtet«. In dem Moment, als die Philosophie akademisch und von Professoren gelehrt wurde, erstarb zweifelsohne viel von ihrer Originalität und Nachvollziehbarkeit. Denn an Universitäten findet man nicht nur zahlreiche Labors, sondern oft auch ein Leben, das unter Laborbedingungen stattfindet: klinisch sauber und streng kontrolliert. Die Unabwägbarkeiten des natürlichen Chaos müssen draußen bleiben, und die Insassen des Elfenbeinturms kennen die Welt gerade noch vom Hörensagen oder Smartphone. Doch glücklicherweise gab es zu allen Zeiten genug unabhängige Denker, die jenseits der akademischen Pfade philosophierten. Und bei ihnen finden wir teilweise eine beachtliche Nähe zum Alltag. Sei es dergestalt, dass sie diffizile Probleme der Philosophie für den Alltag nutzbar machten. Oder aber, weil sie sich sogar ausdrücklich mit alltäglichen Problemen beschäftigen.

So ging Arthur Schopenhauer nicht nur mit seinem Hauptwerk »Die Welt als Wille und Vorstellung« in die Geschichte ein, sondern auch mit seinen »Aphorismen zur Lebensweisheit«. Ein Werk, dessen Überschriften schon für seine Alltagsnähe sprechen: Kapitel II ist überschrieben mit »Von Dem, was Einer ist«, der nachfolgende Abschnitt mit »Von dem, was Einer hat«, und danach kommt »Von dem, was Einer vorstellt«. Bei solchen Wortsequenzen spürt sofort jeder, dass er gemeint ist, dass es einerseits um die unzähligen Rollen geht, die wir im Alltag auszufüllen haben, andererseits aber auch darum, was wir sind, wenn wir diese Rollen nicht ausfüllen.

Viel mehr gibt es eigentlich in unserem alltäglichen Leben nicht, oder?

Nietzsche, Lichtenberg, La Rochefoucauld, Gracián, Machiavelli, Pascal und Vauvenargues waren auch solche Denker, die sich ums Alltägliche kümmerten und dabei nicht unter dem Gefühl litten, sich dafür herablassen zu müssen aus ihrem Philosophenhimmel. Und erst recht die antike Philosophie mit ihrem riesigen Schatz an alltagstauglichen Weisheiten. Wie etwa Diogenes, den man wegen seiner Niedertracht und Frechheit nur den »Hund« nannte; oder Thales, der seiner Mutter erzählte, dass es zum Heiraten immer zu spät oder aber zu früh sei; oder Epikur, der ganz erdverbunden feststellte: »Der Anfang und die Wurzel alles Guten ist die Lust des Bauches.«

Und ein paar tausend Kilometer östlich waren es die Buddhisten, die mit ihrer Nähe zum Alltäglichen beeindruckten.

So sagte der Zen-Meister Lin Tsi: »Das wahre Wunder besteht nicht darin, in der Luft zu schweben oder auf dem Wasser zu wandeln, sondern darin, auf der Erde zu gehen.«

Nutzen wir also die Weisheiten der Philosophen, um besser auf der Erde gehen zu können, anstatt uns von ihr in luftige Höhen zu verabschieden.

ENDE OFFEN

Was aber nicht heißen soll, dass es dabei homogen zugeht. Im Gegenteil. Denn die Philosophiegeschichte hat die unterschiedlichsten Figuren hervorgebracht. Den Prototyp des Philosophen gibt es nicht, und deswegen kann es auch das Philosophieren an sich nicht geben. Parmenides formulierte seine Lehren in Versform, Platon bevorzugte den Dialog, Kierkegaard schrieb überwiegend unter Pseudonymen, Nietzsche in Aphorismen, und Heraklits Verse waren so dunkel, dass sie selbst der Kollege Sokrates kaum verstand. Bei Immanuel Kant strecken sich die Sätze mitunter ins Unendliche, während Ludwig Wittgenstein nach dem Credo »Alles, was sich aussprechen lässt, lässt sich klar aussprechen« die kurzen und knackigen Formulierungen bevorzugte. Und der Wiener Philosoph wird in seiner würzigen Kürze sogar noch von einigen Zen-Meistern übertroffen, die mitunter ganz aufs Sprechen und Schreiben verzichten und zur Erläuterung ihrer Thesen ihre Anhänger ohrfeigen oder gleich ganze Mauern eintreten.

Es gibt also keinen einheitlichen Sprachduktus des Philosophierens und erst recht keinen einheitlichen Inhalt. Schopenhauers Schimpftiraden über Hegel sind Legende, während Nietzsche sich vom Schopenhauerianer zum erklärten Widersacher des Hegelwidersachers wandelte. Platon wollte die Schriften seiner anders denkenden Kollegen sogar verbrennen lassen. Kant rieb sich an Hume, Spinoza haderte mit Descartes, Heraklit verachtete alles und jeden, und die Zen-Meister schlugen schon mal mit dem Bambusstock zu, wenn ihnen etwas missfiel. Kaum jemand diskutiert, insistiert, polemisiert und ironisiert heftiger und hartnäckiger als die Meister des Denkens, und es gibt ungefähr so viele Philosophien, wie es Philosophen auf der Erde gibt.

Und doch ist es gerade diese Uneinheitlichkeit, die die Philosophie so aktuell macht. Echte Denker sind Selbst-Denker, sie folgen keinen modischen Trends, sie gehen immer über ihre Zeit hinaus. Nietzsche nannte eines seiner Hauptwerke sogar »Unzeitgemäße Betrachtungen«. Aber er schrieb auch ein Buch mit dem Titel »Menschliches, Allzumenschliches«. Damit gab er gleichsam zu verstehen, dass er, der Philosoph, zwar über der Zeit steht und damit etwas zu sagen hat, was für alle Zeiten gültig ist, dass er aber trotzdem ein Mensch ist wie alle anderen – und manchmal sogar etwas menschlicher. Was eigentlich für alle Vertreter seiner Zunft gilt. Sie sind Menschen wie du und ich, nur dass sie eben einen anderen, eben philosophischen, nach unzeitgemäßer und allgemeiner Gültigkeit suchenden Blick auf dich und mich werfen.

Vielleicht sind Sie nach dem Studieren dieses Buches nicht wirklich klüger. Vermutlich werden Sie danach auch nicht wirklich besser wissen, wie Philosophieren funktioniert. Aber Sie werden es spüren. Ja, spüren, denn Philosophie geht nicht nur über den Kopf, sie ist auch eine Bauch- und Herzensangelegenheit. Möglich, dass Sie sich danach besser fühlen, denn nicht umsonst sagte Cicero: »Die wahre Medizin des Geistes ist die Philosophie.«

Möglich wäre aber auch, dass es Ihnen *nicht* besser geht und Sie sagen: »Das hat mir jetzt aber gar nicht gutgetan.« Oder sogar: »Was war das denn? So viel Unfug können ja wohl nur Philosophen reden!«

Doch das macht nichts. Denn wie sagte es der französische Philosoph Blaise Pascal so schön: »Der Philosophie spotten, das ist wahrhaft philosophieren.«

1.
HÄNG DICH TIEFER!

———

Warum es guttut,
sich selbst zu vergessen

»Heirate dich selbst!«, »Nichts ist an dir verkehrt«, »Das Stark-Mach-Buch« – Bücher zur Stärkung des Selbstbewusstseins stehen mehr denn je auf den Bestsellerlisten, und entsprechende Trainingskurse erfreuen sich an Volkshochschulen großer Beliebtheit. Die Zeitschrift *Psychologie heute* hatte in ihrer März-Ausgabe 2016 eine Aufmacher-Geschichte mit dem Titel: »Eigensinn. Die Strategie für ein selbstbestimmtes Leben«. In den USA gibt es sogar eine staatliche Institution, die »National Association for Self-Esteem«, wo man sich die Stärkung des Selbstbewusstseins im Volk zur Aufgabe gemacht hat. Mit der Begründung, dass »viele, wenn nicht sogar die meisten gesellschaftlichen Probleme im niedrigen Selbstbewusstsein der Menschen begründbar« seien. Doch ist das wirklich so? Ist Selbstbewusstsein so wichtig für die Bewältigung unseres Alltags?

Ein Psychologenteam von der Universität Vancouver fand in einer Sichtung der wissenschaftlichen Datenlage andere Hinweise. So deuten Studien an Schülern darauf hin, so Studienleiter Roy Baumeister, »dass ein ausgeprägtes Selbstbewusstsein die Leistungen eher schmälert«. Die mögliche Erklärung: Wer selbstsicher ist, neigt dazu, wenig an sich und seinen Fähigkeiten zu arbeiten. Oder plakativ ausgedrückt: Selbstbewusstsein macht faul, und das hat sich noch nie positiv auf Leistungen ausgewirkt.

Eine andere Studie ergab außerdem, dass Menschen mit einem ausgeprägten Selbstwertgefühl weniger bereit sind, Beziehungsprobleme zu lösen, und stattdessen lieber den Partner wechseln. Und die geläufige These, wonach aggressive Menschen meistens wenig Selbstbewusstsein haben, ist keinesfalls belegt. Als man Gewaltverbrecher befragte, offenbarten sie eher eine hohe und bisweilen sogar überzogene Meinung von sich. Was möglicherweise aber auch daran liegt, dass sie ihrer Umwelt den Selbstbewussten vorspielen, in Wirklichkeit aber wenig Vertrauen in ihre eigenen Stärken haben.

Immerhin schälte sich in der kanadischen Untersuchung auch ein positiver Effekt von Selbstbewusstsein heraus. »Menschen mit hohem Selbstbewusstsein«, so Baumeister, »sind ganz eindeutig glücklicher als andere.« Sie sind zufrieden mit sich und ihrem Leben, fallen seltener in depressive Löcher und kommen meistens auch mit ihren Mitmenschen besser zurecht. Sie brauchen nicht unbedingt Erfolge für ihr Glück, denn sie haben ja an sich selbst genug.

Die Philosophie hat seit jeher ein gespaltenes Verhältnis zum Selbstbewusstsein. Im engeren Sinn des Begriffs als *Bewusstsein von sich selbst* wird es hoch geschätzt. Schon Thales von Milet forderte: »Erkenne dich selbst!« Der Satz stand als Inschrift über dem Eingang des Apollotempels in Delphi. Die Erkenntnis, nur ein Mensch zu sein, sollte die Ehrfurcht vor der Gottheit steigern.

Und damit sind wir schon beim zweiten Aspekt, den Philosophen in der Selbsterkenntnis sehen: dass sie nämlich unser Selbstbild ins rechte – sprich: demütige Verhältnis zu dem rückt, was wirklich wichtig ist. Sich selbst nicht so wichtig nehmen, um dafür das Andere in seiner Wichtigkeit zu erkennen – das ist Philosophie. Weswegen es in ihrer Geschichte nur selten Wichtigtuer und große Sprücheklopfer gab.

Doch taugt diese Maxime auch als Gebrauchsanleitung für unser tägliches Leben? Auf den ersten Blick muss man das wohl energisch verneinen, denn die Erfahrung zeigt, dass sich in menschlichen Gesellschaften eher selten diejenigen durchsetzen, die sich selbst realistisch einschätzen, während die vor Selbstbewusstsein (im Sinne des Selbstwertgefühls) strotzenden Laut-Sprecher und Egozentriker oft die Spitzenpositionen einer Gesellschaft ergattern. Ein zweiter Blick jedoch zeigt, dass es in vielerlei Hinsicht nützlich sein kann, wenn man sich selbst zurücknimmt, sich selbst überwindet und möglicherweise sogar selbst *vergisst*. Man muss es ja nicht immer tun – aber man sollte wenigstens wissen, wie es geht.

Sei, was du scheinen willst.

SOKRATES (469–399 V. CHR.)

Eigentlich ein erstaunlicher Spruch, kennen wir doch die Philosophen – und gerade auch Sokrates – als Wahrheitssucher, die das Wesen der Welt hinter dem Schein suchen. Wie kann uns dann der griechische Denker nur den Ratschlag geben, unser Sein nach dem Schein auszurichten? Die Antwort: weil das, was wir scheinen wollen, unser Ideal ist, und es nur erstrebenswert sein kann, sich einem Ideal so weit wie möglich anzunähern.

Wir wollen nach außen zielstrebig und willensstark erscheinen? Also, so fordert es Sokrates, müssen wir uns auch so verhalten. Wir wollen nach außen wie ein perfekter Ehemann oder eine perfekte Ehefrau wirken? Also, so fordert es Sokrates, müssen wir uns auch dementsprechend verhalten. Unser Leben konsequent und ehrlich nach unseren Idealen auszurichten, anstatt immer nur davon zu reden, das ist die Forderung, die hinter dem Satz des griechischen Denkers steckt.

Und dahinter steckt wiederum die Forderung, dass wir einen Teil von uns selbst vergessen sollen. Nämlich den, in dem wir es uns bequem gemacht haben und der uns suggeriert, dass es doch eigentlich gar nicht notwendig wäre, unserem Selbst-Ideal hinterherzujagen. Nach dem Muster: »Es reicht doch, wie ich bin. Wozu nach einem besseren Selbst streben?« Wer zum perfekten Ehegatten werden will, muss den alten Ehegatten hinter sich lassen. Wer zum ausgleichenden Friedens- und Ruhestifter werden will, muss die aggressive Nervensäge in sich überwinden. Wer finanziell vorsorgen will, muss den Zocker in sich zum Schweigen bringen. Ein neues Selbst gibt es nur, wenn man das alte überwunden hat.

Die Selbstsucht legt es darauf an, um sich herum absolute Uniformität zu schaffen. Die Selbstlosigkeit anerkennt die unendliche Mannigfaltigkeit als etwas Wunderbares, akzeptiert sie, fördert sie und erfreut sich an ihr.

OSCAR WILDE (1854–1900)

Der englische Schriftsteller bringt mit diesem Zitat einen Aspekt zur Geltung, der bei der Beurteilung der beiden gegensätzlichen Eigenschaften Selbstlosigkeit und Selbstgefälligkeit leicht vergessen wird: dass sie nämlich in unterschiedlichem Maße Erkenntnisgewinn fördern. Der Selbstherrliche will die Welt um sich herum nach seinem Gutdünken gestalten, was zwangsläufig, weil er sich ja nur aus einer Quelle speist, zur Eintönigkeit führen muss. Der Selbstlose hingegen akzeptiert die Welt in ihrer Uneinheitlichkeit, und er hat seinen Spaß daran.

Dementsprechend unterscheiden sich auch die Gespräche, die man mit selbstsüchtigen und mit selbstlosen Menschen führt. Die Erstgenannten wirken zunächst faszinierend, weil sie sich darauf verstehen, sich selbst darzustellen und glänzen zu lassen. Nach einer gewissen Zeit verströmen sie jedoch Langeweile. Bei den selbstlosen Menschen ist dies genau andersherum: Sie wirken auf den ersten Blick, aufgrund ihrer abwartenden und defensiven Lebenshaltung, eher unscheinbar, später jedoch gewinnen sie immer mehr hinzu, weil ihre Erlebnisse farbenreicher und spannender sind. Selbstlose Menschen sind daher eigentlich für eine Party die größere Bereicherung – allerdings trifft man sie dort eher selten an.

AUCH SEITENEINSTEIGER KÖNNEN PHILOSOPHIEREN

Puristen mögen es eigentümlich finden, wenn man in einem philosophischen Buch den englischen Schriftsteller Oscar Wilde aufgelistet sieht. Und tatsächlich wirkt er unter Philosophen zunächst wie eine Fehlbesetzung. Nicht nur, weil er in erster Linie Erzählungen, Märchen, Komödien und Gedichte schrieb. Sondern auch wegen seines schrillen und exzentrischen Aussehens und Verhaltens, das den alten Diogenes vermutlich dazu gebracht hätte, seine Tonne nach dem eitlen Dandy zu werfen.

Tatsächlich war Wilde ethisch und politisch sehr aktiv, kämpfte für die Rechte Homosexueller und für den Sozialismus und forderte die Abschaffung des Privateigentums. In einer französischen Zeitschrift bezeichnete er sich selbst als »Künstler und Anarchist«. Ihm lag sehr viel daran, die denkerische und moralische Begrenztheit des Bürgertums humorvoll aufzuspießen und ad absurdum zu führen, was auch Diogenes schon machte. Außerdem findet man in der Philosophiegeschichte sehr viele Seiteneinsteiger. Man denke nur an den Sprach- und Literaturwissenschaftler Friedrich Nietzsche und den Flugzeugingenieur Ludwig Wittgenstein. Sokrates war eigentlich Steinmetz von Beruf, Spinoza arbeitete als Glasschleifer für Mikroskope und Ferngläser, und Gottfried Wilhelm Leibniz war ein promovierter Jurist. Gerade für die Philosophie kann es nur von Vorteil sein, wenn man über den Tellerrand geschaut hat.

Man sieht sich selbst immer einige Schritte zu nah und den Nächsten immer einige Schritte zu fern. So kommt es, dass man ihn zu sehr in Bausch und Bogen beurteilt und sich selber zu sehr nach einzelnen gelegentlichen unbeträchtlichen Zügen und Vorkommnissen.

FRIEDRICH NIETZSCHE (1844–1900)

Es gehört zu den menschlich-allzumenschlichen Eigenschaften, sich selbst nach irgendwelchen unwesentlichen Details zu beurteilen. Man sieht, dass man sich auf Mathematik versteht und weniger auf Sprachen, gesteht sich kleine Laster zu wie etwa das Verlangen nach Naschereien und umgekehrt den mangelnden Antrieb zu Bewegung und Sport. Wirklich essenzielle Charaktermerkmale wie Starrsinn, Geiz und Herrschsucht werden ignoriert. Beim Mitmenschen verfahren wir hingegen anders: Wir beurteilen ihn nach einem Merkmal, das schon aus der Ferne heraussticht. Beispielsweise nach seiner Hautfarbe, seiner politischen Einstellung oder seiner Religion. Im ersten Fall ignoriere ich die wirklich bedeutsamen Merkmale, und im anderen übertone ich die unwesentlichen Details. Beides läuft darauf hinaus, dass ich weder über meine Mitmenschen noch über mich selbst brauchbare Erkenntnisse gewinne.

Die Gebrauchsanweisung zur Lösung dieses Problems: Ich muss meine Ignoranz anders, nämlich philosophischer ausrichten. Indem ich gleichermaßen meinen eigenen unwichtigen Details (damit ernte ich ohnehin nur gelangweiltes Gähnen) und die auffälligen »Ins-Auge-Springer« meiner Mitmenschen (die in der Regel nur dem entsprechen, was ich in ihnen sehen will) weniger Bedeutung beimesse. Was letzten Endes bedeutet, sich selbst nicht so wichtig zu nehmen und sich stattdessen auf fremde Menschen einzulassen. Was nicht nur im großen Kontext, sondern auch im alltäglichen Miteinander hilfreich ist und – wie eine Studie der Universität von Chicago ermittelt hat – glücklich machen kann.

Die amerikanischen Forscher teilten 118 Berufspendler in drei Gruppen ein. Die einen sollten während der morgendlichen Bahnfahrt im Berufsverkehr mit einem Fremden ins Gespräch kommen. Die anderen sollten während der Fahrt mit niemandem reden. Die dritte Gruppe konnte tun und lassen, was sie wollte, konnte sich also verhalten wie immer. Hinterher sollten alle Freiwilligen einen Fragebogen ausfüllen und berichten, wie gut ihre Laune nach der Fahrt war und wie produktiv sie währenddessen gewesen waren.

Es zeigte sich: Wer mit Fremden geredet hatte, fand die Fahrt am angenehmsten und war hinterher am glücklichsten, und er hatte auch nicht das Gefühl, durch die Unterhaltung unproduktiv gewesen zu sein oder etwas verpasst zu haben.

Ohne die Mitmenschen und ihre Angelegenheiten zu verstehen, kann man sich selbst nicht erkennen.

MIYAMOTO MUSASHI (1584–1645)

Im delphischen »Erkenne dich selbst!« steckt die Aufforderung, über die Selbsterkenntnis zu einer Erkenntnis der Welt zu gelangen. Eigentlich eine korrekte Aufforderung, vor allem wenn man sie in der Hinsicht versteht, dass man seine Vorurteile, Oberflächlichkeiten, Denkirrtümer und Selbstbetrügereien durchleuchtet, damit man sich von ihnen befreien kann, um einen objektiveren Blick auf die Welt werfen zu können. Denn wie soll ich etwa ein Kind verstehen können, wenn ich Kinder – wie es der französische Philosoph Descartes seinerzeit tat – als unberechenbare Wesen betrachte, die man vom irrationalen Denken wie von einer Krankheit befreien muss? Und wie soll ich ein Land wie China oder Island verstehen, wenn ich generell ausländerfeindlich bin?

Der Zen-Buddhist Musashi überrascht nun demgegenüber mit der Aussage, dass wahre Selbsterkenntnis erst möglich ist, wenn wir den anderen verstanden haben. Wie jetzt? Erst sich selbst erkennen, um den Anderen zu verstehen? Oder doch andersherum, also erst den Anderen verstehen, um sich selbst zu verstehen? Haben wir es hier vielleicht mit einem typischen Unterschied zwischen dem abendländischen und dem asiatischen Denken zu tun?

Die Antwort: Da ist gar kein Unterschied. Hinter Musashis Satz steckt nämlich die Forderung des Zen, dass wahre Selbsterkenntnis nur möglich ist, wenn wir uns selbst »sterben« lassen. Was konkret bedeutet, dass wir unsere individuellen Eigenheiten hinter uns lassen, um im Weltganzen und damit auch im Mitmenschen aufzugehen. Das widerspricht keineswegs dem Satz aus dem delphischen Orakel. Denn wie für alle Erkenntnis gilt auch für die Selbsterkenntnis, dass wir uns, wenn sie objektiv sein soll, von den Fallstricken unserer typischen Denkmuster befreien müssen. Dafür gibt es laut Zen zwei Wege: einmal die Meditation, die uns in interesseloser Achtsamkeit schult. Und andererseits das Mitgefühl mit unseren Mitmenschen: Indem wir uns dem Anderen zuwenden, überwinden wir unsere Ich-Bezogenheit, um dadurch objektiv uns selbst betrachten und schließlich erkennen zu können.

Selbsterkenntnis hat also weniger mit beharrlichem In-sich-Gehen zu tun, sondern vor allem mit Menschenliebe. Dies sollten sich vor allem jene Egozentriker vergegenwärtigen, die selbstverliebt auf sich schauen und dies mit Selbstreflexion verwechseln.

Sich selbst ergründen heißt sich selbst vergessen.

ZENJI DŌGEN (1200–1253)

Ein Satz, der auf den ersten Blick paradox klingt, wie so vieles, was im Zen gelehrt wird. Bei näherer Betrachtung offenbart er jedoch seine Wahrheit. Denn wer über sich nachdenkt und versucht, sich zu ergründen, teilt sich selbst in zwei Parteien: nämlich einmal in das Subjekt der Erkenntnis und einmal in das Objekt der Erkenntnis. Laut Zen hat er damit keine Chance, seinem Wesen und auch dem Wesen der Welt auch nur ein Stück näher zu kommen, denn das ist durch Einheit und nicht durch Vielheit bestimmt.

Es gibt aber noch einen anderen Grund, weswegen es sinnlos ist, am eigenen Ich zu haften. Denn alles Sein ist, wie neben Buddha auch der griechische Philosoph Heraklit betonte, ohne Beständigkeit: »Alles fließt.« In dem Moment, wo ich den Fuß in das Wasser eines Flusses tauche, ist dieses Wasser auch schon nicht mehr identisch mit dem, was vorher gewesen ist; und ebenso verhält es sich mit der Welt im Ganzen.

Ein Gesetz vom ewigen Wandel, das erst recht für unser Ich Gültigkeit hat. Denn bei näherer Betrachtung dieses Ichs fällt auf, dass sich auch hier ständig die Empfindungen und Gedanken miteinander abwechseln, wobei das eine die Ursache des Nächsten und dieses wiederum die Ursache eines weiteren Nächsten ist. Da ist nichts, was über einen winzigen Augenblick hinaus gleich bliebe, kein beständiger Kern, an dem man sich klammern könnte. Es gibt daher auch nichts, was man als »Ich« bezeichnen könnte. Dieses Ich ist in Wahrheit nichts anderes als ein Scheingebilde ständig sich wandelnder Prozesse.

Laut Zen-Lehre werden wir der Nicht-Existenz des Ichs am besten in der Meditation bewusst. Denn hier folgt unserer Aufmerksamkeit ganz unserer

Atmung. Atmen wir ein, gelangt die Luft in die innere Welt. Atmen wir aus, gelangt sie in die äußere Welt. So glauben wir es jedenfalls zu Beginn unserer Atembetrachtung. Doch schon bald, wenn wir uns wirklich gedankenfrei und ohne Ablenkung mit unserem Atem beschäftigt haben, entpuppen sich innere und äußere Welt als Chimären, die sich nur scheinbar voneinander abgrenzen. In Wirklichkeit gibt es nämlich nur eine Welt. Und damit ist auch, wie im nächsten Zen-Zitat erklärt wird, der Untergang des Ichs besiegelt.

Wenn ihr denkt: Ich atme, so ist das Ich etwas Hinzugefügtes. Es gibt kein Du, das Ich sagen könnte. Was wir Ich nennen, ist nichts als eine Schwingtür, die sich bewegt, wenn wir ein- und ausatmen. Sie bewegt sich – das ist alles. Wenn euer Geist rein und ruhig genug ist, dieser Bewegung zu folgen, ist da nichts: kein Ich, keine Welt, weder Geist noch Körper, nur eine Schwingtür.

Suzuki Shunryū (1905–1971)

Der Atem zeigt uns: Es gibt kein Ich. Also ergibt es keinen Sinn, sich ans Ich zu klammern. Im Gegenteil. Dieses Verhaftetsein an unsere angebliche Individualität sorgt nur dafür, dass unsere tatsächlichen Ressourcen nicht aus dem Inneren ans Tageslicht treten können. Wer dauernd daran denkt, wie er als Manager wirkt, wird ein schlechter Manager sein. Wer dauernd daran denkt, wie er als Musiker wirkt, wird ein schlechter Musiker sein. Denn die abstrakte Rolle dessen, was wir zu sein wünschen, erdrückt die konkrete Wahrheit dessen, was wir wirklich sind. Also: Befreien Sie sich von Ihrem individuellen persönlichen Ballast! Vergessen Sie, wer Sie sind! Am besten ist sogar, Sie vergessen, *dass* Sie überhaupt sind! Lassen Sie sich nur einnehmen von dem, was in der Gegenwart ist! Versenken Sie sich in Ihre aktuellen Tätigkeiten, ohne all das »Ich bin das und das« und »Ich kann das und das« in Ihrem Hinterkopf und auch ohne Wünsche, jetzt doch lieber irgendetwas anderes machen zu wollen (»Wäre ich doch das und das!«, »Könnte ich doch das und das!«).

Wenn Sie Musik machen, dann machen Sie Musik, versenken Sie sich in das Stück, das Sie gerade spielen. Und wenn Sie Ihre Wohnung tapezieren, sollten Sie, wenn Sie es ernst mit sich und Ihrer Wohnung meinen, es genauso machen – denn was nützt es Ihnen, wenn Sie an etwas anderes denken?

Denn davon geht Ihnen das Tapezieren auch nicht schneller und gewissenhafter von der Hand! Nur wenn Sie das, was Sie gerade tun, hingebungsvoll und ohne Vorbehalte tun, erlangen Sie Gewissheit über das, was Sie sind und was Sie wirklich können.

Wenn du etwas tust, verbrenne dich ganz.
Wie in einem Freudenfest, keine Spur soll von dir
bleiben. DAISETZ TEITARO SUZUKI (1870–1966)

Es ist überaus erbauend, aber auch ungemein schwer, sich – zumindest gelegentlich – vom eigenen Ich zu verabschieden. Ständig schwirren irgendwelche Gedanken jenseits des aktuellen Augenblicks in unserem Kopf herum: Wir hadern mit dem, was war und nicht mehr zu ändern ist, und beschäftigen uns angst- oder hoffnungsvoll mit dem, was noch kommen wird. Wir denken daran, wie sich wohl unsere Aktien entwickeln werden und was wir mittags in der Kantine zum Essen zu erwarten haben. Unser »Heuschreckengeist« (so nennt ihn der Zen-Buddhismus) schickt uns im Zickzack von einer Ecke in die andere, anstatt dass wir einfach im Augenblick aufgehen.

Dabei müssten wir eigentlich aus eigener Erfahrung wissen, dass nicht nur die glücklichsten, sondern auch die kraftvollsten Augenblicke jene Momente sind, in denen man sich selbst vergisst. Egal, ob Fußballer, Bergsteiger oder Tennisspieler, am glücklichsten und gleichzeitig effektivsten sind sie, wenn sie »wie im Rausch spielen«. Bleibt die Frage, was uns Durchschnittsmenschen das für den Alltag bringt. Die Antwort: Selbstvergessenheit ist für jeden da, nicht nur für Genies und andere Ausnahmemenschen. Erinnern Sie sich an den glücklichsten Moment, den Sie mit Ihrem Lebenspartner hatten! Sprachen Sie da etwa über Ihre gemeinsame Altersvorsorge, oder aber haben Sie in diesem Moment nicht einfach sich selbst und alles um Sie herum vergessen?

Was wunderst du dich, dass deine Reisen dir nichts nützen, da du dich selbst mit herumschleppst.
SOKRATES (469–399 V. CHR.)

Ein Reisender kann keine Erkenntnisse mit nach Hause bringen, wenn er sich nicht wirklich auf die von ihm besuchten Länder einlässt, sondern sich dort bloß in eitler Selbstgefälligkeit selbst spazieren führt. Oder auf unsere heutigen Verhältnisse übertragen: Wer nach Mallorca fährt, um dort in der Sonne zu braten, ein Wiener Schnitzel zu essen und die Bars leer zu trinken, wird genauso einfältig nach Hause fahren, wie er hingekommen ist.

Es genügt also nicht, in der Weltgeschichte herumzureisen, um die Welt kennenzulernen. Immanuel Kant etwa kam kaum aus Königsberg heraus und wusste trotzdem, wie er seine Mitmenschen mit geographischen Vorträgen in seinen Bann ziehen konnte. Weil er gut zuzuhören pflegte, wenn ihm Reisende etwas erzählten. Und so verhält es sich auch in anderen Bereichen: Wer ein guter Musiker werden will, muss nicht nur viel proben, sondern auch mit Hingabe und Einfühlungsvermögen proben. Wer ein guter Manager sein will, darf nicht nur auf Karriere und Gehaltsauszug schauen, sondern muss sich in die Situation derer hineinversetzen können, die für ihn arbeiten und mit denen er Geschäfte macht. Es kommt eben nicht nur auf die Quantität der Erfahrungen an, sondern auch auf die Tiefe und Hingabe, mit der man sie erlebt hat. Doch hingeben kann sich nur der, der sich selbst zurücknehmen kann.

Wer war Sokrates? Wir wissen es nicht genau, denn er hat nichts Schriftliches hinterlassen. Wir müssen in Bezug auf seinen Lebenslauf den Überlieferungen anderer vertrauen, doch das fällt schwer. Denn seine bedeutendsten Biographen heißen Xenophon und Platon, und während der erste Sokrates als rechtschaffen und beredt, aber auch als scheinheilig und obrigkeitshörig beschreibt, übertreibt Platon in die andere Richtung: Liest man seine »Dialoge«, muss man sich fragen, ob Platons Held wirklich die Ideen des Sokrates ausdrückt oder nicht doch die seines Autors.

Gesichert ist: Sokrates wächst in Athen als Sohn eines Steinmetzen auf und erlernt dieses Handwerk auch selbst. Was eigentlich auch gut zu seinem Äußeren (Boxernase, gedrungener Körperbau, Specknacken, Hände wie Baggerschaufeln) passt. Dennoch treibt er sich lieber auf den Straßen herum, um dort seine Landsleute anzusprechen und ihnen durch philosophische Diskurse ihre eigene Unwissenheit vor Augen zu führen. Er ist ein nervtötender Exzentriker, den das Establishment hasst, den aber die gebildete Jugend verehrt. Ein Rudi Dutschke im Antik-Format sozusagen. Mit dem Unterschied allerdings, dass Sokrates ein Patriot ist und sich in diversen Kriegen durch Tapferkeit auszeichnet. Dennoch verurteilen ihn am Ende die Athener Richter wegen angeblicher »Gottlosigkeit« zum Tode durch den Schierlingsbecher.

Doch auch an seinem letzten Tag zeigte sich Sokrates als vor Selbstbewusstsein strotzendes Unikat. Seine wehklagende Frau und die drei Kinder schickte er weg, nicht etwa aus Rücksichtnahme, sondern weil er sich angemessen auf den Tod vorbereiten wollte. Als man ihm die Flucht aus seinem Gefängnis anbot, lehnte er ab, weil er keine Gesetze brechen wollte. Denn, so sein Argument, »würden Urteile nicht befolgt, verlören Gesetze überhaupt ihre Kraft«. Den schließlich gereichten Schierlingsbecher leerte Sokrates, ohne mit der Wimper zu zucken. Die Freunde um ihn herum waren so entsetzt ob der absoluten Endgültigkeit dieser Aktion, dass der Todgeweihte sie trösten musste: Den einen umarmte er, dem anderen wischte er die Tränen vom Gesicht, und dem dritten strich er übers Haar. In seinen letzten Worten bat er darum, dem Gott der Heilkunst Asklepios einen Hahn zu opfern. Der Anlass dieser Bitte ist nicht überliefert, ihr Sinn ist in der Forschung umstritten. So hinterließ uns Sokrates noch mit seinen letzten Worten ein Rätsel.

*U*nsre Eigenschaften müssen wir kultivieren, nicht unsre Eigenheiten.

JOHANN WOLFGANG VON GOETHE (1749–1832)

Kein Mensch ist ohne Marotten. Männer tendieren zu offenen Zahnpastatuben und herumliegenden Unterhosen, während Frauen dazu neigen, mit ihren Kopfhaarbüscheln die Abflüsse zu verstopfen und ihrem Kosmetik-Arsenal die Bäderregale zu besetzen. Alles nur harmlos? Oder soll man sie überwinden? Laut Goethe wohl eher Letzteres – und die Forschung gibt ihm recht.

Amerikanische Soziologen fragten in einer Studie an über 100 geschiedenen Paaren danach, warum sie eigentlich geheiratet und sich dann wieder getrennt hätten. Das verblüffende Ergebnis: Die Gründe für die Scheidung lauteten ganz ähnlich wie die für die Heirat. Der einzige Unterschied war, dass etwas, das man früher süß fand, einen später sauer machte. Zum Beispiel sagte eine Frau: »Ich habe ihn geheiratet, weil er so unglaublich humorvoll war.« Als einen der Trennungsgründe gab sie an: »Er war immer so albern, man konnte ihn nie ernst nehmen.« Ein und dasselbe Charaktermerkmal wurde also einmal als anziehend, dann aber wieder auch als abstoßend empfunden.

Marotten bestimmen eben unseren Alltag weit mehr als die großen Bewährungsproben von Charakterstärke. Wie oft muss unser Verlobter uns das Leben retten? Öfter, als er es versäumt hat, uns die Tür offen zu halten? Öfter, als er uns vor Freunden bloßgestellt hat? Wohl kaum. Es sind die Details, die unser Leben anfüllen, und deswegen sind Marotten durchaus imstande, eine Beziehung von sich aus in die Knie zu zwingen. Es lohnt sich, an ihnen zu arbeiten.

Wer an den Spiegel tritt, um sich zu ändern, der hat sich schon geändert.

LUCIUS SENECA (4 V. CHR. – 65 N. CHR.)

Jeder von uns durchläuft immer wieder Phasen, in denen er ausbrechen will aus dem Einerlei des Alltags. Phasen, in denen er unzufrieden mit seinem aktuellen Leben ist und er unbedingt etwas daran ändern will. Doch nur die wenigsten schaffen es, ihrem Lebensweg auch wirklich eine entscheidende Wendung zu geben. Der Grund: Wir sind nicht ehrlich zu uns selbst. Vor allem überschätzen wir unsere eigenen Talente und unterschätzen unseren Hang, uns an Gewohnheiten festzuklammern.

Erst wenn in dieser Beziehung absolute Ehrlichkeit bei uns eingetreten ist, haben wir eine Chance, unser Leben auch wirklich umzukrempeln. Vor der Revolution unserer Persönlichkeit steht eben die schmuck- und schonungslose Selbsterkenntnis. Ein harter Weg, doch er birgt auch einen Trost. Denn wer erst einmal sich selbst erkannt hat, hat bereits, so will es uns Seneca sagen, den entscheidenden Schritt zur Änderung seiner Persönlichkeit vollzogen. Weil man nämlich viel Mut zu Selbsterkenntnis braucht – und dieser Mut wird uns auch bei der zukünftigen Gestaltung unseres Lebens weiterhelfen.

2.
SCHAU DIR DEN AN!

—

Die Kunst der Achtsamkeit

Werfen Sie doch mal einen Blick auf den Stuhl in Ihrem Zimmer! Angenommen, Sie hätten überhaupt keinen Begriff von »Stuhl«. Als was würden Sie ihn sehen? Als undefinierbares Stück Holz? Oder als Bierkastenständer? Oder gar als Kunstwerk? Dass so etwas nicht abwegig ist, belegt eine Geschichte, die tatsächlich vor einigen Jahren in Leverkusen passierte.

Sie handelt von zwei Frauen, die im Museum von Schloss Morsbroich anlässlich einer Feier nach einem Behälter suchten, in dem man Gläser spülen konnte. In einem der Museumsräume entdeckten sie eine Badewanne, die allerdings verschmiert und dreckig oder – wie es eine der Frauen später zu Protokoll gab – »ganz schön versifft« war. Also machte man sich ans Werk: Die Wanne wurde Ata-mäßig geschrubbt und gewienert, bis sie glänzte und zum Spülbecken taugte. Der Haken dabei: Es handelte sich bei der Wanne, samt dem an ihr klebenden Dreck aus Mullbinden, Pflastern und Fett, um eine Kreation des Künstlers Joseph Beuys. Im Wert von damals 80 000 D-Mark. Der Meister war über die Ata-Aktion an seinem Werk stinksauer, die Aussteller waren peinlich berührt und die Frauen irritiert, später kam es sogar zum Rechtsstreit, nur das Publikum amüsierte sich königlich. Und das alles wegen einer Badewanne, die bei unterschiedlichen Menschen ganz und gar unterschiedliche Vorstellungen erzeugte.

Womit wir bei einem zentralen Begriff der Philosophie angelangt sind: der *Vorstellung*. Wir Menschen sehen nicht das, was die Dinge an und für sich sind, sondern das, was sie für uns bedeuten. Doch was wäre, wenn wir uns zumindest für eine Weile von diesem Mechanismus befreien? Was wäre, wenn die Frauen *achtsamer* gewesen und dabei erkannt hätten, dass jedes Ding in einem Museumszimmer prinzipiell ein Ausstellungsstück sein könnte? Und wenn Beuys *achtsamer* statt eitel gewesen wäre und in der Ata-Aktion eine konsequente Fortsetzung seiner Alltagskunst gesehen hätte? Die Antwort: Sie hätten sich eine Menge Ärger und Aufregung erspart.

Doch was würde es bringen, den Stuhl nicht als

Stuhl zu sehen? Ärger würden wir damit sicherlich nicht vermeiden. Aber wir würden plötzlich die stuhluntypischen Sachen an dem Stuhl sehen. Die Maserung in seinem Holz, seine Farbe, seinen Geruch oder sonst irgendetwas.

Und genauso wie bei Wanne und Stuhl können wir die Frage danach beantworten, was es bringen würde, die Menschen unserer Umwelt – wie etwa unsere Kinder, Lebensgefährten und Kollegen – nicht in ihrer Funktion für uns, sondern in ihrem So-Sein zu betrachten. Die Antwort: Wir würden sie ohne Erwartung ansehen und damit jeglichen Konflikten den Wind aus den Segeln nehmen, wie wir ja nicht enttäuscht werden könnten. Und wir würden an diesen Menschen plötzlich etwas sehen, was wir vorher nicht gesehen haben. Eine gewisse Traurigkeit beispielsweise oder einen sublimen Zorn, möglicherweise sogar eine schwere Krankheit.

Der achtsame Umgang mit den Dingen und Menschen unserer Welt bringt also eine ganze Menge Vorteile: mehr objektive Erkenntnis, mehr Empathie und deutlich weniger Ärger. Ein Selbstläufer ist er allerdings nicht. Die Achtsamkeit gehört zu den Paragraphen der philosophischen Gebrauchsanweisung fürs Leben, die man besonders achtsam durchlesen muss.

Es ist nichts im Verstand, was nicht vorher in den Sinnen gewesen wäre. JOHN LOCKE (1632–1704)

Der englische Philosoph John Locke hat sich vor allem mit einer Frage beschäftigt: Wie gelangen überhaupt Vorstellungen und Begriffe in unser Bewusstsein? Für Locke gibt es nur drei theoretisch mögliche Antworten: Sie sind entweder von außen hineingekommen, oder sie wurden aus dem Material von außen kommender Vorstellungen durch das Denken gebildet, oder aber sie sind von Anfang an darin enthalten, also angeboren. Das Letztere ist jedoch, so ist Locke überzeugt, praktisch unmöglich. Wir bräuchten uns nur die Kinder zu betrachten, um schon bald festzustellen, dass sie nicht mit ihren Ideen, Begriffen und Prinzipien auf die Welt gekommen sind, sondern sie durch ihre Sinne erst erlernen müssen. Der menschliche Verstand enthält nichts Angeborenes, und er enthält nichts, was nicht vorher in den Sinnen gewesen wäre.

Dieser Ansatz von Locke enthält freilich eine Menge Zündstoff. Denn er bedeutet: Augen und Ohren auf und die Fühler unserer Haut auf Empfang gestellt – denn wer nicht mit wachen Sinnen durch die Welt geht, wird dumm bleiben. Was wiederum bedeutet, dass wir unsere Kinder an den

Schulen nicht mit voll gekritzelten Tafeln und ein-
sam dozierenden Lehrern klug machen, sondern
durch möglichst vielfältige und umfangreiche sinn-
liche Erfahrungen.

Zudem hat uns Locke keinerlei Begrenzungen
für unseren Verstand mitgegeben. Mit anderen
Worten: Solange unsere Sinne auch nur halbwegs
funktionieren, können wir bis ins hohe Alter hin-
zulernen. Voraussetzung ist freilich, dass wir auch
wirklich achtsam sind.

*Man muss viel gelernt haben, um über das, was
man nicht weiß, fragen zu können.*

JEAN-JACQUES ROUSSEAU (1712–1778)

Man wird nicht zu einem klugen Menschen, indem
man viele kluge Antworten hat, sondern dadurch,
dass man viele kluge Fragen hat. Schon einer der
Urväter der Philosophie, nämlich Sokrates, hat dies
messerscharf auf den Punkt gebracht, indem er
feststellte: Ich weiß, dass ich nichts weiß. Das eigentliche Problem der menschlichen Unwissenheit
liegt nämlich nicht darin, dass wir wenig wissen,
sondern darin, dass wir in vielen Angelegenheiten

glauben, etwas zu wissen, obwohl wir eigentlich keine Ahnung haben.

Gegen diese »borniertе Unwissenheit im Schleier der Wissendheit« gibt es nur eine Medizin: die Philosophie. Sie lehrt uns das Zweifeln an unserer Gewissheit, sie zeigt uns, wie trügerisch unser aktuelles Weltbild ist. Deswegen erkennen Sie ein gutes Philosophie-Buch nicht etwa daran, dass Sie nach dem Lesen klüger geworden sind – sondern daran, dass Sie von vielem Abschied nehmen müssen, das Ihnen vor dem Lesen noch als unverrückbare Wahr- und Gewissheit erschien.

Es ist nämlich mit Gedanken wie mit Menschen: Man kann nicht immer nach Belieben sie rufen lassen, sondern muss abwarten, dass sie kommen.

ARTHUR SCHOPENHAUER (1788–1860)

Sie brüten über ein bestimmtes Problem, und am Ende haben Sie: nichts. Sie zweifeln an ihren kognitiven Fähigkeiten, und schließlich verzweifeln Sie und beschließen: Ende, ich höre auf, an dem Problem weiterzuarbeiten! Dann, einige Stunden später – Sie sitzen gerade über einem Buch – kommt

Ihnen plötzlich die Lösung für das Problem. Einfach so, ohne dass Sie darüber gegrübelt haben. Sie sind froh, weil es am Ende doch noch geklappt hat. Doch Sie fragen sich auch, ob mit Ihrem Gehirn irgendetwas nicht stimmt, dass es gerade dann ein Problem löst, wenn es nicht darüber nachdenkt. Und Sie fragen sich, ob Sie demnächst gar nicht mehr sonderlich über ein Problem grübeln sollen, wenn dann die Lösung doch ohne Nachdenken kommt.

Zunächst einmal können Sie sich beruhigen: Sie sind mit dem geschilderten Erlebnis nicht allein. Einstein entwarf die Relativitätstheorie beim Musizieren. Nietzsche kam der Gedanke vom Übermenschen an einem Stein, hoch oben in den Alpen. Als Newton ein Apfel auf den Kopf fiel, kam ihm die Idee mit der Schwerkraft. Nicht umsonst pflegt man ja auch in den kreativen Berufen »abwegige Idee-Entwicklungsstrategien«, weil man weiß, dass gute Einfälle eben einfallen, über uns kommen müssen und sich nicht nach dem Motto »Jetzt setze ich mich hin und bekomme eine geniale Idee« erzwingen lassen.

So fahren Werbebüros mit ihren Angestellten mitten in der Arbeitszeit in den Zoo, schlendern Architekten mit ihren Angestellten über die Kirmes und gehen dabei möglicherweise sogar ins Gruselkabinett. Weil es sinnvoll sein kann, gerade dann, wenn der Kreativitätsmotor stoppt, mal etwas ganz anderes zu tun und die Gedanken frei fließen zu lassen.

Was jedoch nicht heißen soll, dass Produktivität nur etwas mit Eingebung zu tun hat – es gehört auch harte Arbeit dazu. Wer nur auf die zündende Idee wartet, ohne jemals über das Thema nachgedacht, sich damit beschäftigt zu haben, wird vergeblich warten. Außerdem muss man achtsam sein, um zu merken, wenn plötzlich die Geistesblitze kommen. Das wiederum gelingt Ihnen nur, wenn Sie einerseits entspannt, andererseits aber die Achtsamkeit schon »hochgefahren« haben. Das ist beispielsweise beim Lesen eines Buches der Fall oder beim Musizieren, beim Fernsehen oder Zocken am Computer werden hingegen Ihre geistigen Kräfte so gebunden, dass Ihr Gehirn keinen Schlenker zu dem Problem machen kann, das Sie lösen wollen.

In der Achtsamkeit geht es darum, da zu sein, wo man gerade ist, und nicht darum, irgendwo anders hinzukommen. Jon Kabat-Zinn (1944)

Was ist der Unterschied zwischen Achtsamkeit und Achtlosigkeit? Die Erstere kann man am besten mit einem Spiel vergleichen, es geht um das vorbehaltlose, flexible und entspannte Reagieren auf die Reize der Umwelt. Die Achtlosigkeit – und das klingt zunächst mal wie ein Widerspruch – ist: Arbeit. Denn in ihr geht es um den Erfolg, das Erreichen des Ziels.

Nehmen wir als Beispiel zwei Golfspieler. Der eine probiert verschiedene Schläger und Techniken aus, spricht mit anderen Spielern darüber, experimentiert und hat Spaß daran. Er ist der achtsamspielerische Typ. Der andere versucht, so schnell wie möglich das Handicap zu halbieren. Durch verbissenes Training, teure Trainer und nicht minder teure Ausrüstung. Ständig kontrolliert er seine Lernerfolge; stellt er dabei fest, sein Ziel verfehlt zu haben, stürzt er sich noch verbissener ins Training. Er ist der unachtsam-erfolgsorientierte Typ.

Wer von beiden wird mehr Fortschritte im Training haben? Wir wollen es uns nun nicht zu einfach machen, denn es wäre durchaus möglich, dass der Erfolgsorientierte trotz seiner Unachtsamkeit am Ende besser spielen kann. Doch er wird dazu ungleich mehr investiert haben. Mehr Training, mehr Zeit und mehr Geld, und vermutlich wird er auch mehr Frusterlebnisse dabei gehabt haben. Achtsamkeit heißt nicht automatisch, dass man am Ende mehr Erfolge auskosten kann. Sondern, dass man mehr auskostet, was am Ende erfolgreich sein kann.

Achtsamkeit ist das Grundlegende, das Heilmittel für alle Plagen.

DILGO KHYENTSE RINPOCHE (1910–1991)

Schon der Alltag zeigt, wie Achtsamkeit zum Heilmittel für alle Plagen werden kann. Wenn wir etwa im Supermarkt bezahlen, das Wechselgeld einstecken – und dann unsere Einkaufstüte liegen lassen. Wenn Sie auf Ihrem Weg von der Arbeit einen Freund besuchen wollen – und Ihnen das erst wieder einfällt, als Sie bereits zu Hause sind. Sicherlich ist es Ihnen auch schon passiert, dass Sie vor dem Fernseher sitzen und plötzlich merken, dass Sie von der Sendung gar nichts mitgekriegt haben. Und

Hand aufs Herz: Wissen Sie gerade jetzt im Augenblick noch, was Sie heute Mittag zum Essen gehabt haben?

Jetzt kann man natürlich sagen: »Na ja, all diese kleinen Schussligkeiten sind ja kein sonderliches Drama, damit kann man leben.« Doch mit einem solchen Abwiegeln sollten Sie vorsichtig sein. Denn in der Summe können auch kleine Unachtsamkeiten das Leben ganz schön verhageln. Denn wer nicht mehr bewusst wahrnimmt, was er zu Mittag isst und mit wem er vor einer halben Stunde geredet hat, muss sich schon die Frage gefallen lassen, was dann eigentlich noch seine Lebensqualität ausmacht. Ganz zu schweigen davon, dass sich die Mitmenschen, wenn man ihnen aus Unachtsamkeit nicht mehr zuhört, verletzt fühlen – und dann wird aus den kleinen Unachtsamkeiten schon bald ein zwischenmenschliches Problem, das sich zu einer echten Krise ausweiten kann.

Außerdem gibt es ja auch noch die fatalen Unachtsamkeiten, die schon als Einzelfall katastrophale Wirkungen haben können. Dass man ein Stoppschild übersieht oder gar eine rote Ampel. Dass man beim Treppensteigen die letzte Stufe vergisst oder das Baby für ein paar Sekunden auf dem Wickeltisch liegen lässt, um eine neue Packung Feuchtigkeitstücher zu holen. Auch wer den zehnten Hochzeitstag vergisst oder den Geburtstag des Sohnes, kann bei den Betroffenen durchaus Untergangsstimmung hervorrufen.

Doch eigentlich ist es egal, ob es sich um große oder kleine Fauxpas handelt. Sie entspringen alle derselben Quelle: nämlich der Unachtsamkeit. Es lohnt sich also, an seiner Achtsamkeit zu arbeiten.

Ein einfaches Leben

Dilgo Khyentse ist einer der großen buddhistischen Meister der sogenannten Nyingma-Schule. Es heißt von ihm: »Sein ganzes Leben hat er lernend, praktizierend und lehrend verbracht. Immer mit der gleichen Würde, im gleichen ununterbrochenen Strom von Güte, Humor und Weisheit, galt all sein Tun, Tag und Nacht, wo immer er sich befand, der Bewahrung und Übermittlung der verschiedenen Formen der buddhistischen Lehre.« In seiner Jugend lebte Khyentse in der Einsamkeit der Berge. Doch auch sein späteres Leben verlor nie – vor welchem Hintergrund es sich auch abspielte – sein Merkmal unkomplizierter Einfachheit.

Khyentse stammt aus der tibetischen Provinz Kham (im heutigen Bezirk Kardze). 1959 flüchtete er vor den chinesischen Invasoren nach Bhutan. Er wurde zu einem der einflussreichsten buddhistischen Lehrer überhaupt, unterrichtete auch den 14. Dalai Lama in dessen indischem Exil. Er liebte es, den Zuhörer durch paradoxe Schlussfolgerungen in seine Philosophie der Einfachheit einzuführen:

»Die Reichen haben niemals genug Geld und die Mächtigen niemals genug Macht. Bedenken wir: Die beste Weise, alle unsere Wünsche zu befriedigen, besteht darin, all unsere Pläne zu Ende zu führen, das heißt, sie fallenzulassen.«

Wenn Ihr in dem Augenblick, da Ihr das Schwert bemerkt, das Euch treffen will, auch nur einen Gedanken daran verschwendet, dem Schwert da zu begegnen, wo es eben gerade ist, so wird Euer Geist bei ihm Halt machen in eben dieser Position, Eure eigenen Bewegungen werden unterbunden und Euer Gegner wird Euch niederstrecken. Es ist das, was wir mit »Anhalten in Unwissenheit« meinen.

Wenn aber in dem Augenblick, da Ihr das Schwert seht, welches Euch treffen will, Euer Geist nicht von ihm festgehalten wird und Ihr im Rhythmus des heransausenden Schwertes bleibt; wenn Ihr nicht daran denkt, Euren Gegner zu treffen, und wenn keine Gedanken und Urteile bleiben; wenn in dem Augenblick, da Ihr das heransausende Schwert seht, Euer Geist nicht im Geringsten festgehalten wird und Ihr augenblicklich handelt und dem Gegner das Schwert entwindet – so wird das Schwert, das Euch niederstrecken sollte, Euer werden, und es wird nun das Schwert sein, das Euren Gegner niederstreckt.

TAKUAN SOHO (1573–1645)

Eine Weisheit aus den Kampfkünsten des Zen, die sich problemlos auf unsere Welt übertragen lässt. Dazu müssen wir das heransausende Schwert nur durch etwas anderes ersetzen, beispielsweise durch eine Examensprüfung, die Ihnen bevorsteht. Klar, dass Sie dafür lernen müssen, um gut vorbereitet zu sein. Doch ist es auch nötig, sich die Prüfung mitsamt allen möglichen Zwischenfällen und Eigenheiten der Prüfer vorzustellen? Und muss man sich unbedingt vorstellen, was passiert, wenn man die Prüfung besteht, oder – was sicherlich beunruhigender ist – wenn man durchfällt? All das ist doch Schnee von morgen, und deswegen lohnt sich eigentlich auch keine Beschäftigung damit. Es ist nichts anderes als der Versuch, das heransausende Schwert zu schnappen; und deswegen werden Sie in der Prüfung höchstwahrscheinlich nicht so erfolgreich abschneiden, wie es eigentlich möglich wäre.

Besser: Sie gehen einfach in die Prüfung hinein und versenken sich ganz in diesen Augenblick. Ohne sich das Hirn zu martern, was passieren könnte. Nicht umsonst erzählte einmal der Tennisstar Andre Agassi, dass er seine großen Erfolge von dem Moment an errungen hätte, als er einfach nur noch auf den Court gegangen ist, um Spaß zu haben. Er hätte auch sagen können: »Um im Augenblick aufzugehen«. Dann wäre es ein typischer Zen-Spruch gewesen.

Des Weiteren weiß ein Mönch, wenn er geht: Ich gehe.

Er weiß, wenn er steht: Ich stehe.

Er weiß, wenn er sitzt: Ich sitze.

Er weiß, wenn er sich niederlegt: Ich lege mich nieder. GAUTAMA BUDDHA (CA. 560–480 V. CHR.)

In einem Psychologieseminar hatte ich einmal einen Studenten und eine Studentin, die sich beide ein paar Mark zusätzlich in einer Kneipe verdienten. Er war schon im Studium sehr ehrgeizig und fleißig, und in der Kneipe gab er diese Tugenden auch zum Besten: immer in Bewegung, immer mit einem Tablett in der Hand, immer schnell am Tisch, wenn neue Kunden kamen, immer mit dem Notizblock auf Tuchfühlung, damit ihm auch ja nichts von der Bestellung entging. Seine Kommilitonin war anders. Man gewann eigentlich gar nicht den Eindruck, dass sie wirklich arbeiten würde. Stets hatte sie Zeit für einen freundlichen Plausch, einen Notizblock hatte sie gar nicht, und wenn sie in Bewegung war, schien sie allenfalls das Tempo eines Wochenendspaziergängers zu erreichen.

Die Arbeitsresultate der beiden waren recht unterschiedlich. Sie spielte aufgrund ihres freundlichen Wesens nicht nur mehr Trinkgeld ein, sondern machte auch deutlich mehr Umsatz als er – mit der Konsequenz, dass er schließlich vom Geschäftsführer der Kneipe gefeuert wurde. Und dieser Trend sollte sich auch später fortsetzen. Denn sie arbeitet mittlerweile als Leiterin einer großen Behörde, während er sich als Sacharbeiter bei einem Versicherungsunternehmen durchschlägt – was sicherlich nichts Schlimmes ist, von ihm aber als Katastrophe empfunden wird.

Was macht nun den Unterschied zwischen dem ehrgeizigen Studenten und seiner erfolgreichen Studienkollegin aus? Beide wollten ins Management, beide sind intelligent, beide studierten (er hatte insgesamt sogar bessere Noten als sie), beide sehen eher mittelmäßig attraktiv aus (so dass auch die Schönheit als Argument für ihre unterschiedlich verlaufenden Karrieren ausscheidet), beide haben keine Kontaktängste (denn sonst hätten sie nicht in der Kneipe gearbeitet), und von der Herkunft hatte er sogar die besseren Karten. Dennoch startete sie auf der Karriereleiter durch, während er irgendwie auf den unteren Stufen hängenblieb und sich da ganz und gar nicht glücklich fühlt.

Der für ihre Karrieren maßgebliche Unterschied besteht vielmehr in ihrem Wesen. Sie ist in allem, was sie tut, gelassen; er denkt bei allem, was er tut, an den Erfolg. Doch trotz ihrer Gelassenheit geht sie in ihrem Tun vollständig auf, im Unterschied zu ihm. Denn er gehört zu den berüchtigten »mehrphasigen Denkern und Handlern« unserer Zeit, die beim Autofahren Radio hören, telefonieren und eine Müslischnitte essen. Beim Kellnern in der Kneipe dachte er beim Gespräch mit Gästen meistens schon an etwas anderes, beispielsweise an eine offene Rechnung vom Nebentisch, während sie beim Gespräch ganz Ohr war und sich voll auf ihren Gesprächspartner fokussierte. Deswegen brauchte sie auch keinen Notizblock, während er trotz dieses Hilfsmittels viele Bestellungen vergaß, weil ein Notizblock nämlich nur dann als Erinnerungsstütze taugt, wenn man den Gästen zuhört und wirklich alle Bestellungen aufschreibt.

Wenn sie etwas tat, dann war sie achtsam bei dem, was sie tat. Wenn sie studierte, studierte sie; wenn sie mit jemandem sprach, dann sprach sie mit ihm; wenn sie jemanden liebte, dann liebte sie ihn. Ihr Kommilitone hingegen war in seinen Gedanken nur selten hundertprozentig bei dem, was er gerade tat – und dabei kommt, wie nicht nur Arbeitspsychologen wissen, in der Regel nicht sehr viel heraus.

Es gibt viele Dinge, die aus der Ferne gesehen schrecklich, unerträglich, ungeheuerlich erscheinen. Nähert man sich ihnen, werden sie menschlich, erträglich, vertraut. Darum ist die Furcht größer als das Übel. NICCOLÒ MACHIAVELLI (1469–1527)

Gewiss: Die Zeit heilt alle Wunden, eine gewisse zeitliche Distanz macht viele Sachen erträglicher. Doch dieses Gesetz gilt nicht unbedingt für räumliche und geistige Distanzen. Denn viele Menschen haben vor Dingen Angst, die sie gar nicht genau kennen. So finden einige Menschen Kinder einfach nur unerträglich, obwohl sie noch nie länger als fünf Minuten mit einem geredet haben. Andere schimpfen über Hunde, nur weil sie gelegentlich in Hundehaufen treten, und vergessen dabei, dass Hundehalter weniger krank werden und dadurch den Krankenkassen und damit auch ihnen selbst viel Geld sparen. Ganz zu schweigen von all den Trend-Ängsten wie etwa der Angst vor Ausländern und Globalisierung, vor Terror, Strahlentod und Krankheiten wie Grippe. Die Wahrscheinlichkeit, bei einem Auto- oder Haushaltsunfall ums Leben zu kommen, ist ungleich höher als das Risiko, einem Terroranschlag zu erliegen. Und ein Raucher stirbt wahrscheinlich an Lungenkrebs und nicht an SARS. Dennoch steigen die Leute weiterhin jeden Tag in ihr Auto, während der Flug in die USA aus Terrorangst schon einmal storniert wird, und der Raucher geht eher zur Impfung, als sich den Nikotinkonsum abzugewöhnen. Das, was nahe ist, wirkt eben oft ungefährlicher als das, was weit entfernt ist.

Dabei wäre das Leben erheblich einfacher, wenn wir uns ohne Angst um jene Gefahren kümmern, die tatsächlich bedeutsam für uns sind. Dazu gehört beispielsweise, beim Auto eben nicht mit Lichthupe die anderen Autos von der Überholspur zu drängen. Oder aber, die drei Etagen zum Büro eben nicht mit dem Aufzug hochzufahren, sondern die Treppen zu steigen, denn das schützt vor Herz-Kreislauf-Erkrankungen. Für viele Risiken des Alltags reicht es, nur ein wenig am Verhalten zu ändern, um ihre Bedeutsamkeit für uns zu reduzieren.

Wer sich nicht auf der Schwelle des Augenblicks, alle Vergangenheiten vergessend, niederlassen kann, wer nicht auf einem Punkte wie eine Siegesgöttin ohne Furcht und Schwindel zu stehen vermag, der wird nie wissen, was Glück ist, und noch schlimmer: der wird nie etwas tun, was andre glücklich macht.

FRIEDRICH NIETZSCHE (1844–1900)

Kaum etwas fällt uns schwerer, als uns im Augenblick niederzulassen. Wenn wir ehrlich sind, springen wir mit unseren Gedanken eigentlich die ganze Zeit zwischen Zukünftigem und Vergangenem hin und her. Ob wir daran denken, wie sich die Aktien-kurse entwickeln werden, oder uns mit Erinnerun-gen an unsere verkorkste Examensprüfung herum-plagen – es geht meistens um Zukünftiges oder Vergangenes, wenn unser Hirn aktiv ist.

Glück im Sinne von Freiheit und Selbstbestim-mung gibt es im Spannungsfeld von Zukunft und Vergangenheit jedoch nicht. Denn entweder wer-den unser Handeln und Denken von dem geleitet, was nicht mehr ist, oder aber von dem, was sein könnte. Es lohnt sich also, Augenblicke zu schaffen, in denen wir nur augenblicklich sind, ohne Bezug zu Vergangenheit und Zukunft. Dies können Spa-ziergänge sein, wobei es vollkommen gleichgültig ist, ob sie in der freien Natur stattfinden oder in der Stadt. Die Hauptsache ist, dass Sie den Ort zur »verkehrsfreien« Zone erklären, also alleine blei-ben und das Handy ausstellen. Anderen Menschen gelingt es besser mit Musikhören, sich »auszuklin-ken«.

In Japan setzt man auf die Teezeremonie, und während dieser bis zu vier Stunden lang dauernden Session darf über nichts anderes geredet werden als über das, was gerade im Moment der Zeremonie geschieht, und das ist ziemlich wenig. Das ist echtes Training, um die Empfindung des Augenblicks zu schulen. Es lohnt sich, solche Dinge einmal für sich auszutesten. Es müssen ja keine vier Stunden sein, und es muss auch keine Teezeremonie sein – Sie können Ähnliches auch einmal mit der Zubereitung einer Frühlingsbowle veranstalten.

GEFANGEN IM AUGENBLICK

Friedrich Nietzsche hatte eine besondere Beziehung zum Augenblick. Denn er litt immer wieder unter schweren und langen Kopfwehattacken, die ihm nur kleine Zeitfenster ließen, in denen er arbeiten und schreiben konnte. Dieses Leiden dürfte hauptverantwortlich dafür gewesen sein, dass er überwiegend in kürzeren Aphorismen mit einer enormen Präzision im Ausdruck schrieb. Denn der Philosoph wusste, dass schon er bald wieder sein Denken unterbrechen musste und ihm von einem Schmerzschub zum nächsten nur eine kurze Zeit – eben nur ein begrenzter Augenblick – blieb. Zu kurz für ein systematisches Werk à la Kant oder Hegel.

Lange Zeit war die Forschung davon überzeugt, dass Nietzsches Kopfwehattacken von einer Syphilis stammten, die ihn schließlich auch in die geistige Umnachtung führte. Doch mittlerweile gibt es Zweifel an dieser Hypothese. Demnach ließen sich seine Beschwerden auch dadurch erklären, dass er einen Tumor hinter den Augen hatte.

Es ist mehr Vernunft in deinem Leibe als in deiner besten Weisheit. FRIEDRICH NIETZSCHE (1844–1900)

Wir finden einfach keinen Draht zu unserem Geschäftspartner und blasen einen Vertrag mit ihm ab, obwohl eigentlich alle Argumente dafür gesprochen haben. Wir lassen den Termin beim Standesamt platzen, obwohl das niemand versteht, weil eigentlich alles für die bevorstehende Hochzeit sprach. Wir weigern uns, ein bestimmtes Museum zu betreten, weil wir den Geruch dort einfach nicht ertragen können. Es kommt immer wieder vor, dass wir Dinge tun, die gegen unseren Kopf sprechen und lediglich aus dem Bauch heraus kommen. Ist das nun gut oder schlecht?

Tatsache ist, dass wir zwei weitgehend unabhängig voneinander operierende System in unserem Kopf haben: Das »Chefsystem« namens Bewusstsein operiert vornehmlich in der linken Gehirnhälfte, das »Bauchsystem« namens Intuition in der rechten Hemisphäre. Es funktioniert eher unbewusst, speist sich aber aus einem gewaltigen Reservoir von Sinneseindrücken, Erinnerungen und Empfindungen, ist also keineswegs »blöd«. Es ist sogar ausgesprochen effizient. Man ist immer wieder erstaunt, wie viele große Politiker, Manager, Künstler und andere Berühmtheiten ihren fabelhaften Ruf ihren Bauchentscheidungen verdanken.

Schachgroßmeister brauchen nur fünf Sekunden, um sich die Stellung der Figuren in einer fortgeschrittenen Partie einzuprägen und sie dann »blind« weiterzuführen. Ärzte und Kfz-Mechaniker können ebenfalls rasch sichere Diagnosen über ihre Patienten und Autos treffen. Doch sie können das nur, weil sie jeden neuen Fall mit einer Unmenge von älteren Fallbeispielen abgleichen können. Man muss also viel gelernt und erlebt haben, um seiner Intuition vertrauen zu können. Und man muss ihr achtsam gegenüber bleiben, nach innen hören. Wer stets seine Aufmerksamkeit auf das »Getöse« um sich herum gelenkt hat, wird die Stimme seines Bauches nicht hören können.

3.
MACH DICH NICHT ABHÄNGIG!

—

Warum gleichgültige Menschen mehr vom Leben haben

Wer frei und unabhängig sein will, muss loslassen können. Doch können wir das? Einfach einen Menschen, ein Ding oder eine Idee freigeben? Ein Blick auf den Alltag zeigt, dass dies eher selten gelingt. So klammern wir uns immer an einmal gefasste Ziele und Projekte, obwohl sie längst aussichtslos geworden sind und nur Verluste einfahren. Eine Umfrage an 105 Pharma-Unternehmen hat ergeben, dass die Hälfte aller erfolglos eingestuften und irgendwann abgebrochenen Projekte viel zu spät abgebrochen wird. Auch scheuen wir die Trennung von Menschen, die uns offensichtlich schaden, und wir suchen uns keinen neuen Arbeitsplatz, obwohl der alte uns nur noch schlaflose Nächte bereitet. Ganz zu schweigen davon, dass wir uns eher in vernichtende Kriege stürzen, als von einer Religion oder Weltanschauung abzurücken, der wir kaum noch etwas abgewinnen können.

Doch warum schaffen wir es so oft nicht, den Schlussstrich zu ziehen, wo es eigentlich schon längst fällig ist? Die eine Antwort dazu ist sicherlich, dass gerade in Deutschland Beharrlichkeit und Ausdauer zu den großen Tugenden zählen. Niemals aufgeben, egal, wie schlecht es steht, ein solches Verhalten steht hoch im Kurs, während es umgekehrt als illoyale Charakterschwäche ausgelegt wird, wenn man pausenlos die Arbeitsstellen und Lebenspartner wechselt oder immer wieder sein Kreuz bei anderen politischen Parteien macht.

Die andere Antwort gibt uns die Philosophie. Demzufolge gelingt uns der Schlussstrich deswegen nicht, weil wir allem eine Bedeutung geben und die Welt in zwei Seiten einteilen: Auf der einen sind die Dinge und Menschen, nach denen wir uns sehnen, die wir haben und besitzen wollen, und auf der anderen die Dinge und Menschen, die uns am Haben- und Besitzen-Wollen hindern. Erstere sind die Objekte unserer Begierde, Letztere werden zum Objekt des Hasses, und der sie hassende Mensch wird zum Diktator, Choleriker, Nörgler oder auch zum selbstaggressiven Melancholiker, je nachdem, wie viel Macht er besitzt und wie viele Aggressionen er an andere, in der Sozialhierarchie unter ihm Stehende weiterleiten kann. Ruhe und Frieden sehen anders aus! Und wer glaubt, dass sie kommen würden, wenn die Menschen erst einmal haben, was sie haben wollten, wird ebenfalls enttäuscht. Denn in diesem Falle wird alles darangesetzt, das Erworbene zu konservieren und zu behalten, oder aber es werden neue Ziele gesucht. Beides bedeutet am Ende, dass die Welt wieder eingeteilt wird in Objekte, die uns nützen, und Objekte, die uns schaden.

Also müssen wir grundsätzlicher vorgehen, wenn wir das Loslassen lernen und uns dadurch ein Stück Freiheit angeln wollen. Indem wir die Leere der Bedeutungslosigkeit suchen, denn bedeutungslose Dinge und Menschen ziehen uns nicht mehr in ihren Bann. Die Philosophie kann dabei – obwohl sie gerne bedeutungsschwanger daherkommt – eine wertvolle Hilfe sein.

Kein Ding ist es wert, dass man daran haftet.

GAUTAMA BUDDHA (CA. 560–480 V. CHR.)

Ein Satz, der auf den ersten Eindruck nach mönchischer Askese klingt, nach in Lumpen gekleideten Bettlern und nach Eremiten, die in ihren Höhlen die Eitelkeit des weltlichen Lebens beklagen. Tatsache ist jedoch: Buddha war keinesfalls ein fanatischer Vertreter des mittellosen Mönchseins. Er sah in ihm nur die beste aller Möglichkeiten, seine Philosophie des Nicht-Anhaftens in die Praxis umzusetzen. Für die Philosophie des Nicht-Anhaftens an sich ist Besitzlosigkeit jedoch keine notwendige Voraussetzung. Es kommt vielmehr darauf an, alles was ist als etwas zu akzeptieren, das nicht mehr, aber auch nicht weniger wert ist als alle anderen Dinge auf der Welt.

Im deutschen Sprachgebrauch übersetzt man diese Lebenshaltung am besten mit *Gleichgültigkeit*. Aber nicht in dem Sinne, dass alles ohne Bedeutung ist. Sondern im engeren Sinne, dass alles von gleicher Bedeutung ist. Nicht-Anhaften heißt, alle Dinge, aber auch alle Menschen als gleich bedeutungsvoll zu betrachten, ohne sie geistig oder körperlich in Besitz nehmen zu wollen. Dies ist einerseits gut für die Welt um uns herum, weil es ihr Freiheit gibt. Andererseits aber auch gut für uns, weil es dadurch leichter für uns wird, sich von Dingen und Menschen zu lösen und damit ebenfalls Freiheit zu bekommen.

*P*anta rhei – *Alles fließt.*

Mit diesem berühmten Satz brachte der griechische Philosoph treffend die Vergänglichkeit des Daseins zum Einsatz: Egal, was ist, es ist nicht beständig, sondern einem ständigen Wandel unterworfen. Aus dem großen Stein wird irgendwann einmal Sand, aus dem liebreizenden Mädchen wird einmal eine alte Frau, und jeder Kanzler, Präsident und Diktator wird einmal seine Macht verlieren.

Viel wichtiger als für die äußeren Erscheinungen ist aber der Satz des Heraklit für unsere Empfindungen. Denn da bedeutet er, dass auch jedes Gefühl nicht von Dauer ist, sondern schon bald durch ein neues abgelöst wird. Es lohnt sich also nicht, ihm eine besonders positive oder negative Bedeutung zu geben. Sie sind traurig, weil Sie gerade krank sind? Grämen Sie sich nicht, diese Situation wird sich ändern – selbst wenn die Krankheit nicht verschwinden wird, werden Sie ein anderes Verhältnis zu ihr finden! Sie sind gerade überschwänglich glücklich, weil Sie auf der Karriereleiter einen entscheidenden Schritt weiter nach oben gekommen sind? Bleiben Sie auf dem Boden! Denn erstens gibt es immer noch genug Platz nach oben, und zweitens bereitet Ihr neuer Posten neue Probleme wie etwa mehr Verantwortung, die Sie vorher nicht hatten. Der Satz des Heraklit bedeutet also: Nehmen Sie Ihre aktuelle Lebenssituation, wie sie gerade ist. Egal, ob Sie Ihnen schön oder schlimm vorkommt – sie wird nicht von Dauer sein.

Dies gilt auch im Hinblick auf Ihre Beziehung zu den Menschen Ihrer Umgebung. Denn diese sind nun einmal kein Fernsehprogramm, über das Sie willkürlich verfügen können, sie verhalten sich nicht nach Ihren Idealvorstellungen. Wenn Sie das sich vergegenwärtigen, werden Sie weniger Schmerzen verspüren. Was freilich nicht ausschließt, dass Sie doch irgendwann Schmerzen haben werden. Doch auch sie unterliegen dem Prinzip der Vergänglichkeit. Und wenn wir wissen, dass sie nicht so bleiben, wie sie sind, werden sie in der Regel auch erträglicher für uns.

An alle Begierden soll man die Frage stellen: Was wird mir geschehen, wenn erfüllt wird, was die Begierde sucht? Und was, wenn die Begierde nicht erfüllt wird? Epikur (ca. 340–270 v. Chr.)

Würden sich die Menschen unserer Wohlstandgesellschaft diese Frage öfter stellen, wären sie vermutlich viel glücklicher, als sie jetzt sind. Denn in der Tat hat es Sinn, sich öfter einmal zu fragen, was mir die Befriedigung eines Bedürfnisses überhaupt bringt.

Angenommen, Sie müssen eine Arbeit fertigstellen, die viel Zeit von Ihnen fordert. Doch an dem einen Abend kommt ein Freund zu Ihnen, um Sie zu einem Zug um die Häuser einzuladen. An einem anderen Abend kommt ein spannendes Fußballspiel im Fernsehen, am nächsten Morgen steht jemand vor der Haustür, um Sie zum Windsurfen mitzunehmen. Sie wissen genau: Wenn Sie diesen Einladungen und Verlockungen folgen, wird es für Sie und Ihre Arbeit eng. Dennoch verhalten sich viele von uns so, dass sie nicht absagen, sondern nachgeben und ihre Pflichten verschieben. Mit der Konsequenz, dass sie ihre Arbeit nicht fertigkriegen und auch die Freizeitbeschäftigungen nicht richtig genießen können, weil die unerledigte Arbeit noch im Hinterkopf herumspukt. So sieht echtes Unglück aus, oder? Richtig wäre gewesen, auf die Verlockungen zu verzichten oder sie zu verschieben. Oder aber, den Arbeitsauftrag nicht anzunehmen. In jedem Falle aber sollte man sich vorher überlegen, welches Bedürfnis man wirklich befriedigt haben will.

Die Kunst des rechten Masses

Epikur legte immer großen Wert auf seine denkerische Unabhängigkeit, beschimpfte auch schon mal andere Philosophen als »ungebildete Gesellen« und »geistige Hurenböcke«. Er hielt sich lieber ans gemeine Volk, unterhielt Kontakte zu Prostituierten und Sklaven, was ihn im Establishment eine Menge Feinde bescherte. Hinzu kommt, dass er die Lust und ihre angemessene Befriedigung ins Zentrum seines Denkens rückte, was nicht nur damals als »politically incorrect« galt. Dabei war Epikur alles andere als ein ausschweifender Lüstling.

In einem Brief erzählt er, wie sein Körper überströmt vor Leichtigkeit, »wenn ich von Brot und Wasser lebe«, und dass er auf »die Freuden des prachtvollen Lebens« spucken würde, weil die ohnehin nur Ärger einbrächten. Seine Empfehlung: »Schlafe besser ohne Angst auf einem Lager aus Blättern als unruhig in einem Bett aus Gold.« Die maßvolle Befriedigung der irdischen Gelüste sei es, die uns ein Leben in Glück und Freiheit beschert, und gesellschaftliches Ziel sollte sein, dass alle Menschen gleichermaßen daran teilhaben können. Spätestens hier wird klar, wie Karl Marx in seiner Doktorarbeit zu Epikur zu seinen ersten kommunistischen Thesen kam.

Es ist leichter, einer Begierde ganz zu entsagen, als in ihr maßzuhalten.

FRIEDRICH NIETZSCHE (1844–1900)

Im Unterschied zu Epikur sah der deutsche Philosoph ein großes Problem darin, in unseren Begierden das rechte Maß zu finden. Seine These: Wer sie wirklich überwinden will, muss nicht nur ein bisschen, sondern sie komplett überwinden, weil sie sonst über psychische Hintertüren in sein Verhalten zurückkehren wird. Wer beispielsweise weniger dem Geld und den Stufen auf der Karriereleiter hinterherrennen will, um sich stattdessen mehr um seine Familie zu kümmern, muss seine Gier komplett hinter sich lassen und nicht nur gelegentlich mit dem Sohn zum Fußball gehen und die Ehefrau zum Essen ausführen. Was ja nicht heißen soll, dass er seinen Beruf aufgeben muss, denn der wird ja zur Befriedigung der nötigen Bedürfnisse gebraucht. Wichtig ist aber, dass er die Prioritäten anders setzt, dass er also die Familie an Nummer eins setzt und den Beruf dahinter. Wenn er gut ist in seinem Job, wird er dann trotzdem Karriere machen.

Jetzt werden vielleicht viele mit dem Kopf schütteln und einwenden, dass man im Leben Kompromisse eingehen muss, was die Befriedigung der Bedürfnisse betrifft. Das ist sicherlich richtig, doch das befreit nicht von der Verantwortung, sich dafür entscheiden zu müssen, was wirklich wichtig ist. Wer verheiratet ist und an diesem Zustand nichts ändern will, sollte sich eben nicht mehr in Bars und Diskotheken umhertreiben. Wer genug Geld hat, kann wohl an der Börse investieren, sollte aber nicht mehr an ihr zocken. Das hat weniger etwas mit Moral zu tun als schlichtweg mit der Tatsache, dass alles, was der Gier eine Hintertür lässt, Unruhe und Unglück ins Leben bringt. Und das will doch eigentlich niemand, oder?

Die wahre Freiheit wird nicht durch Befriedigung aller Wünsche erreicht, sondern durch Ausrottung der Begierde. EPIKTET (ETWA 50–130)

Wenn jemand über Freiheit zu sprechen weiß, dann ist es der griechische Philosoph Epiktet. Schon sein Name bedeutet »der Hinzuerworbene«, was deutlich macht, dass er nicht Herr seines eigenen Lebens war. Und in der Tat: Epiktet lebte viele Jahre als Sklave von Epaphroditos, einem Leibwächter von Kaiser Nero. Sicherlich kein leichtes Schicksal. Dennoch war Epiktet als Philosoph nicht untätig. Denn sein Herr war stolz darauf, einen gebildeten griechischen Sklaven zu haben. Epiktet durfte ausgiebige Vorträge zur Philosophie der Stoa halten, so etwas gönnte man sich damals im alten Rom – als Ausgleich zum Schrecken und den dumpfen Lustbarkeiten, die unter Nero herrschten.

Nach Neros Tod wurde Epiktet freigelassen, und er reiste fortan durch die Lande als lehrender Philosoph. Sein Schwerpunkt war die Antwort auf die Frage: Wie kann man als Mensch zur echten Freiheit gelangen und damit zum Herr über sich selbst werden? Leider fanden seine Ausführungen nicht überall Anklang im alten Rom. Der amtierende Kaiser Domitian empfand Epiktets Gedanken zu

Freiheit und Selbstverwirklichung als Bedrohung – und verbannte ihn. Der Philosoph zog nach Nikopolis, einer Stadt im westlichen Griechenland. Dort gründete er eine Schule, die er bis zu seinem Tode betrieb. Da er nichts Schriftliches hinterließ, war es seinen Schülern überlassen, die Gedanken ihres Lehrers zu konservieren.

Epiktets Grundthese: Es mag viele Menschen geben, die uns versklaven können, doch am meisten versklaven wir uns selbst. Doch was in uns ist es nun genau, das uns zu Sklaven macht? Epiktets Antwort: die Begierde. Denn entweder begehren wir etwas, was wir nicht bekommen können, dann erfüllt sie uns mit Leiden und Schmerz. Oder aber wir erreichen das Begehrte und sind fortan gezwungen, es vor dem Begehren der anderen Menschen zu sichern – und auch das ist ja letzten Endes nichts anderes als Zwang und Leiden. Ganz zu schweigen davon, dass wir uns schon wenige Augenblicke nach der Befriedigung unseres Wunsches langweilen und sich unsere Begierde woanders hinwendet. Unser Leben ist demnach angefüllt voller schmerzvoller Begierde; voller Angst, unsere Güter zu verlieren; und voller schmerzhafter Langweile. Und aus diesem Teufelskreis entkommt man nicht, indem man sich möglichst viele Wünsche erfüllt.

Im Gegenteil, je mehr wir unsere Begierden erfüllen, desto unentrinnbarer gehen wir in diesem Kreis verloren.

Die Lösung kann nur darin bestehen, das Begehren zum Versiegen zu bringen, es auszulöschen. Denn, so Epiktets Überzeugung: »Niemand ist frei, der sich nicht beherrscht.« Was aber nicht heißen soll, dass wir unsere Begierden niederzwingen sollen, indem wir sie beispielsweise verleugnen oder eine harte Askese betreiben und unseren Trieb per Züchtigung in die Knie zwingen. Wir sollten vielmehr, so Epiktets Vorschlag, die Begierden im Hinblick auf unsere Vergänglichkeit betrachten, um ihre tatsächliche, nämlich nichtige Bedeutung zu begreifen: »Habe täglich den Tod vor Augen; das wird dich vor kleinlichen Gedanken und vor maßlosen Begierden bewahren.«

Soll das nun bedeuten, dass wir uns täglich unsere eigene Sterblichkeit vor Augen führen müssen, um unsere Begierden zu besänftigen? Das klingt eher nach Angst und Depression als nach Freiheit und Erlösung. Doch das hänge wiederum, so Epiktet, wesentlich von unserer Einstellung ab: »Der Tod ist nichts Schreckliches. Nur die fürchterliche Vorstellung vom Tode macht ihn furchtbar.« Wer den Tod nicht mit Schrecken belegt, sondern ihn einfach nur als Übergang vom einen Zustand zum anderen versteht, wird ihm auch nicht mit Angst begegnen. Doch das werden wir im letzten Kapitel noch gründlicher beleuchten.

Wenig brauchen ist besser als viel haben.

AURELIUS AUGUSTINUS (354–430)

Viele von uns glauben, dass sie mit viel Geld und Macht glücklicher wären, weil sie dann weniger Mangel leiden müssten. Ein Trugschluss! Denn auch wenn wir umso glücklicher sind, je weniger wir an Mangel leiden – dass sich dieses Glück mit Hilfe von Besitz erreichen lassen könnte, ist logisch falsch. Der Grund: Jeder Mensch hat Bedürfnisse, die er befriedigen möchte. Kann er dies nicht, empfindet er dies als Mangel. Jetzt kann er natürlich versuchen, so viele Bedürfnisse wie möglich zu befriedigen. Der Haken daran: Ist erst einmal ein Bedürfnis befriedigt, entsteht ein neues, oder aber es entsteht kein neues, und ich empfinde diesen Zustand als Langeweile, was ja zweifelsohne auch ein Mangelerlebnis ist. Weswegen wir bei reichen Menschen oft exzessive Beschäftigung im Wechsel mit exzessiver Langeweile sehen, doch selten wirkliches Glück. Ihnen scheint immer irgendetwas zu fehlen, sie empfinden ihr Leben trotz ihrer Möglichkeiten zur Befriedigung aller möglichen Bedürfnisse im Wesentlichen als Mangel.

Demnach kann der letztendliche Ausweg nur lauten, überhaupt keine Bedürfnisse mehr zu haben. Was sicherlich schwer ist, denn ohne Bedürfnisse wie Hunger, Durst und Wärmeausgleich würden wir sterben. Unser Streben kann nur dahin gehen, *möglichst wenige Bedürfnisse* zu haben. Was gleichzeitig bedeutet, dass wir uns von anderen Menschen keine Bedürfnisse einreden lassen sollten. Daran sollten Sie denken, wenn Sie mal wieder einen Kaufhauskatalog wälzen.

Die Freiheit des Menschen liegt nicht darin, dass er tun kann, was er will, sondern dass er nicht tun muss, was er nicht will.

JEAN-JACQUES ROUSSEAU (1712–1778)

Rousseau war einer der Motoren für die Freiheitsbewegung in Europa, und sein Satz gilt damals wie heute. Denn wäre Freiheit das Recht, das zu tun, was man gerade will, würde sie uns geradewegs in die Anarchie führen. Versteht man sie aber so, dass wir nichts gegen unseren eigenen Willen tun müssen, bekommt sie nicht nur einen Sinn für die Idee des freiheitlichen Staates, sondern auch für unsere persönliche Freiheit. Denn dann heißt sie in erster Linie, dass wir so weit wie möglich auf persönliche Abhängigkeiten verzichten. Egal, ob das für den Gang durch den Supermarkt gilt, in dem wir zum Kauf von Dingen motiviert werden, die wir gar nicht brauchen. Oder für den Beruf, wenn wir uns beim Chef einschmeicheln, um die Karriereleiter hochzukommen. Oder auch privat, wenn wir von unseren Kindern erpresst werden, die von uns genau wissen, dass wir nicht zu viel Streit mit ihnen ertragen können. All diese Abhängigkeiten gilt es zu überwinden – und dabei sollte man nicht trotzig und emotional, sondern systematisch und rational vorgehen.

Fertigen Sie eine Liste Ihrer Abhängigkeiten an, und seien Sie dabei wirklich ehrlich zu sich selbst! Ist es wirklich Liebe, die Sie noch an Ihren Partner bindet, oder nur noch Gewöhnung und gegenseitige Abhängigkeit und Schuld? Ist Ihr Beruf wirklich Ihre Berufung oder nur noch Mittel zum Gelderwerb? Sind Sie freundlich zu Ihrem Chef, weil Sie sich davon etwas versprechen, oder tatsächlich, weil Sie ihn mögen? Können Sie noch ohne Fernsehen, Handy und Internet auskommen? Kaufen Sie wirklich nur das ein, was Sie brauchen, oder doch eher das, was Ihnen per Werbung suggeriert wird? Sind Sie abhängig von der Wertschätzung Ihrer Mitmenschen, sind Sie süchtig nach Anerkennung? Wie ist Ihr Verhältnis zu den Eltern, wie fühlen Sie sich in ihrer Gegenwart? Wenn Sie Ihre Liste fertig haben, überprüfen Sie, was Sie davon über Bord werfen können, ohne dass Ihr Leben Schaden nimmt. Sie werden sehen, dass es nicht wenig sein wird. Und dann arbeiten Sie diese Liste einfach ab.

Ein Leben ohne Hoffnung ist ein Leben voller Frieden, Freude und Mitgefühl.

CHARLOTTE JOKO BECK (1917–2011)

Kann Hoffnungslosigkeit glücklich machen? Schwer vorstellbar. Doch für die Zen-Philosophie (Joko Beck war eine amerikanische Zen-Lehrerin) ist Hoffnungslosigkeit geradezu notwendig, um zum wahren Glück zu finden. Denn wer auf Gesundheit, Erfolg, Erleuchtung und dergleichen hofft, verweilt nicht im Augenblick, sondern schöpft aus Erfahrungen in der Vergangenheit, um sie dann in die Zukunft zu projizieren.

Nehmen wir als Beispiel, dass Sie auf eine Gehaltserhöhung hoffen. Sie hoffen darauf, weil Sie aufgrund Ihrer (trügerischen) Erfahrungen davon ausgehen, dass Sie sich mit einem fetteren Gehaltsscheck einfach besser fühlen würden. Jetzt gibt es zwei Möglichkeiten: Erstens, dass die Erhöhung ausbleibt, und dann werden Sie natürlich enttäuscht sein. Zweitens, dass die Erhöhung kommt. Doch auch dann währt das Glück nur kurz. Es werden Neider kommen, die Ihnen Ihr Gehalt nicht gönnen. Zudem wird das Erlebnis der erhaltenen Gehaltserhöhung Sie zu der Hoffnung veranlassen, dass Sie irgendwann wieder eine bekommen, denn immerhin hat es ja schon einmal geklappt. Und dann geht das Ganze wieder von vorne los. Sie sehen: Hoffnung kann letzten Endes nicht glücklich machen. Dafür aber Hoffnungslosigkeit! Denn es ist schön, wenn Sie eine Gehaltserhöhung bekommen, ohne darauf gehofft zu haben. Aber es ist auch gut, wenn Sie keine bekommen, denn wenn Sie nicht darauf gehofft haben, vermissen Sie ja auch nichts. Hoffnungslosigkeit sichert sozusagen Ihr

Glück nach allen Seiten ab – darin besteht eine der großen »Glücksformeln« des Zen!

Der Mensch wird stumpf, sobald er aufhört, leidenschaftlich zu sein.

CLAUDE ADRIEN HELVÉTIUS (1715–1771)

Nicht-Anhaften, also wahrhafte Gleichgültigkeit, heißt keineswegs, dass man sich über nichts und niemanden mehr aufregen soll. Denn ein mangelndes »Ärgervermögen« gibt deutliche Hinweise auf ein mangelndes Selbstwertgefühl.

Angenommen, Sie werden als Gast in einem Restaurant so richtig schlecht behandelt: Das Essen ist miserabel, die Bedienung ist unhöflich und hat sich am Ende sogar zu Ihren Ungunsten verrechnet. Jetzt könnten Sie natürlich sagen: »Okay, sie hat sich verrechnet. Doch es wird sicherlich noch Gelegenheiten geben, bei denen sich ein anderer Kellner zu meinen Gunsten verrechnet. Am Ende gleicht sich alles aus.« Wenn Sie *tatsächlich* so denken, dann ist es gut so; dann haben Sie einen Ehrenplatz auf der Stoa poikile verdient. Doch wenn Sie diese Argumente bloß vorschieben, um sich an Ihrem berechtigten Zorn vorbeizumogeln, dann haben Sie ein Problem. Dann kann es nämlich sein, dass Sie einfach nur jeglichen Konflikten aus dem Wege gehen wollen – und das ist Duckmäusertum, keine Gelassenheit.

Es gibt Menschen, die übersehen jeglichen Anlass zum Ärger, nur um Konflikte zu vermeiden. Solch ein Vermeidungsverhalten kann teuer werden, denn wer nur abnickt oder ignoriert, zahlt in der Regel – finanziell und auch politisch – ziemlich viel drauf. Denn er signalisiert seiner Umwelt, dass man mit ihm alles machen kann. Betont »ärgerfreie« Menschen gelten zwar als friedfertig und sind auch in der Regel sehr beliebt. Doch leider geraten sie auch schnell in den Ruf, dass man auf sie keine sonderliche Rücksicht nehmen muss, da sie ja ohnehin alles akzeptieren. Ist dies in Ihrem Sinne? Wenn nicht, dann sollten Sie Ihren Ärger nicht unnötig unterdrücken. Sie sollten aber darauf achten, dass Sie Ihren Zorn richtig artikulieren und mit ihm auch den Richtigen treffen.

Humor ist die äußerste Freiheit des Geistes; Humor ist immer souverän.

Ludwig Börne (1786–1837)

Zur philosophischen Gleichgültigkeit gehört, die Dinge mit einem gewissen Humor zu betrachten. Nicht umsonst werden große Weltweise wie Buddha und Gandhi in Statuen und Bildnissen mit einem Lächeln dargestellt. Natürlich: Man darf nicht vergessen, dass sich das Lachen entwicklungsgeschichtlich aus dem Zähnefletschen entwickelt hat, und aggressiver und exzessiver Humor wie Zynismus und Albernheit vertragen sich nicht mit wahrhafter Unabhängigkeit. Sie sind vielmehr der Ausdruck von Hass und Überdruss und damit ein Zeichen dafür, dass man unter der Welt immer noch leidet und mit ihr hadert.

Der Humor der Unabhängigkeit besteht vielmehr in wohlwollendem Lächeln und feiner Ironie, was nicht heißen soll, dass man nicht auch einmal herzhaft lachen darf. Entscheidend ist vielmehr, was im Humor zum Ausdruck kommt: nämlich nicht Schadenfreude, Häme, Zynismus und Unfähigkeit, irgendetwas ernst zu nehmen, sondern die pure Freude am Augenblick. Und die Ironie dient als Ausdrucksmittel, als stilistisches Mittel, um beim Zuhörer einen Aha-Effekt auszulösen. Der dänische Philosoph Sören Kierkegaard schrieb: »Gut beherrschte Ironie zeigt sich in ihrer Wahrheit dadurch, dass sie lehrt, die Wirklichkeit zu verwirklichen, dass sie den gebührenden Nachdruck auf die Wirklichkeit legt.« Ein Beispiel soll verdeutlichen, was damit gemeint ist.

Der tibetische Meditationsmeister Jamgon Kongtrul Rinpoche hielt einmal einen Vortrag in den USA, als ein Mann aus der Zuhörerschaft sich erhob und ihn provozierend ansprach: »Rinpoche, ich kann mir vorstellen, dass das, was Sie sagen, für Tibeter und andere Menschen aus dem Osten passt. Doch ich finde, dass es nicht viel mit uns hier im Westen zu tun hat. Wäre es nicht sinnvoller, wenn jeder seinen persönlichen Weg zum Glück fände, statt Ihren Vorschlägen zu folgen? Können wir nicht einfach einige Dinge aus Ihrer Tradition übernehmen und ansonsten unserem eigenen Weg folgen?«

Rinpoche lächelte und antwortete mit einer Gegenfrage: »Wie alt sind sie?« »Mitte dreißig.« »Sehr gut«, fuhr der Lehrer fort und lächelte immer noch. »Versuchen Sie schon lange, Ihren eigenen Weg zu finden? Ja? Sagen Sie mir, sind Sie damit bisher gut vorangekommen?« Der Mann schwieg und wurde rot. Im übrigen Publikum kicherte man verständnisvoll. »Also«, sagte Rinpoche, »was würde es schaden, wenn Sie es eine Zeitlang auf meine Weise versuchen würden, um zu sehen, was passiert?«

Der Mann wurde durch die Ironie des Meisters liebevoll auf die Wirklichkeit gestoßen, auf *seine* Wirklichkeit, in diesem Falle also darauf, dass seine jahrelangen Bemühungen offensichtlich doch nicht dazu geführt haben, den rechten Weg zu finden. Die Menschen zum Aha-Erlebnis ihrer eigenen Wirklichkeit zu bringen und nicht, sie zum Lachen zu bringen (auch wenn dies sehr oft geschieht), das ist der Sinn von beherrschter Ironie, und das ist auch der Sinn von der Ironie, wie sie auf dem Lächeln des Weisen geschrieben steht.

KEINE ANGST VOR GROSSEN NAMEN

Ludwig Börne wird in der Literaturwissenschaft gerne mit Jean Paul verglichen, doch sein Bekanntheitsgrad ist deutlich niedriger. Dabei schöpfte er aus einem breiten Fundus. So studierte er Philosophie bei Friedrich Schleiermacher, reiste viel durch die Welt und kämpfte als Journalist für Demokratie und Revolution. In seinen politischen Schriften legte er sich nicht nur mit Metternich und Goethe, sondern auch mit Heinrich Heine an, obwohl er ähnliche Ziele verfolgte wie der Schriftsteller und Sozialist aus Düsseldorf.

Börnes Schreibstil kann man als witzig, spritzig und treffsicher bezeichnen. Er war ein Humanist, der den Menschen aus seinen vielfältigen Abhängigkeiten befreien wollte. Denn es würde nichts geben, das ein Aufgeben der Unabhängigkeit lohnt: »Nichts ist von Dauer, nur die Veränderung.« Das erinnert an Buddha und Heraklit! Börne verstarb im Alter von gerade mal fünfzig Jahren in Paris. Seit 1993 wird in seiner Geburtsstadt Frankfurt jährlich der Ludwig-Börne-Preis an deutschsprachige politische Publizisten verliehen.

4.
DIE KRAFT VON GEDULD UND STILLE:

—

Auch Nichtstun kann produktiv sein

Wann haben Sie das letzte Mal eine nennenswerte Phase der Ruhe erlebt? Und zwar wirklich ruhig, also auch ohne Berieselung durch Musik oder TV-Gerät? Und wenn Sie eine hatten: Wie fühlten Sie sich dabei? Konnten Sie es gut aushalten, oder spürten Sie schon bald eine quälende Langeweile oder Unruhe?

Kaum eine Phase, in der wir nicht irgendetwas tun oder zumindest irgendetwas konsumieren. Morgens läuft das Radio, und es werden erstmalig die Nachrichten auf dem Mobiltelefon gecheckt, während wir uns ein Brötchen oder Müsli reinstopfen. Dann geht es zur Arbeit, wobei im Auto meistens wieder das Radio läuft oder in der Bahn wieder das Handy zum Glühen gebracht wird, und es gibt Menschen, die schaffen sogar beides. Bei der Arbeit werden erst mal die Mails abgerufen. Und das geht oft so weiter, den ganzen Tag. In Deutschland ergab

eine Umfrage, dass sich sechzig Prozent der Arbeitnehmer von der Flut der E-Mails auf ihrem Rech-
ner gestört fühlen. Aber geändert, indem man sich
beispielsweise selbst auf E-Mail-Diät setzt, wird
nichts. Unter solchen Voraussetzungen ist es schon
fast verwunderlich, dass überhaupt noch gearbeitet
wird.

Mittags kommt spätestens wieder das Handy an
die Reihe. Eine Umfrage an amerikanischen Hoch-
schulen ergab, dass die männlichen Studenten etwa
acht und ihre Kommilitoninnen zehn Stunden täglich mit ihrem Smartphone beschäftigt sind. Abends
pflegt hingegen vor allem die ältere Generation den
Medienkonsum: Laut Bundesamt für Statistik sitzt
der über fünfzigjährige Bundesbürger täglich fast
dreihundert Minuten vor dem TV-Gerät. Die jünge-
ren Jahrgänge sitzen da zwar seltener vor dem Fernseher, doch sie sind dabei gleichzeitig per Smartphone oder Laptop im Internet aktiv. Bereits im
Jahre 2011 ermittelte eine Yahoo-Studie, dass acht-
undachtzig Prozent aller User unter dreißig Jahren
so verfahren, also zu medialen Multitaskern werden. Man neigt nicht zur Realitätsferne, wenn man
diese Quote für heute auf fast hundert Prozent einschätzt – und das nicht nur in den USA.

Es ist also immer etwas los – und das hat zur Folge, dass wir es nicht mehr ertragen können, wenn mal nichts los ist. In Umfragen zeigte sich, dass viele Menschen vor Langweile ähnlich viel Angst verspüren wie vor einem Krebsgeschwür. Nach dem Muster: besser todkrank als leer. An der University of Wisconsin setzte man gesunde, nichtmasochistisch veranlagte Männer in einen Raum, wo sie lediglich ihre Zeit absitzen sollten, und trotzdem würde man ihnen am Ende ihre Teilnahmegebühr auszahlen. Auf dem Tisch stand ein Gerät, mit dem sie sich selbst einen ungefährlichen, aber unangenehmen Stromschlag verpassen konnten. Man sollte erwarten, dass die überwiegende Mehrheit lieber ihre beschäftigungslose Zeit absitzen würde. Doch tatsächlich verabreichten sich zwei Drittel der Männer gleich mehrere Elektroschocks, ihr Durchschnittswert lag bei etwas mehr sieben Schlägen pro Viertelstunde Beschäftigungslosigkeit.

Die Philosophen haben diese Unfähigkeit zum Nichtstun schon immer angeprangert. Legendär, wie Diogenes ein Fass durch die Straßen der Stadt rollte, wo überall Bürger in emsiger Geschäftigkeit hin und her liefen. Als man ihn auf sein befremdliches Verhalten ansprach, erwiderte er: »Auch ich bin in Tätigkeit und rolle meine Tonne, auf dass ich nicht der einzige Müßiggänger sei unter so vielen fleißigen Menschen.« Überflüssig zu erwähnen, dass vermutlich keiner der Bürger die Ironie des Philosophen verstand – dazu waren sie einfach zu beschäftigt.

Es ist eine indianerhafte Wildheit in der Art, wie die Amerikaner nach Geld trachten: und ihre atemlose Hast der Arbeit – das eigentliche Laster der neuen Welt – beginnt bereits durch Ansteckung das alte Europa wild zu machen und eine ganz wunderliche Geistlosigkeit darüber zu breiten. Man schämt sich jetzt schon der Ruhe; das lange Nachsinnen macht beinahe Gewissensbisse. Man denkt mit der Uhr in der Hand, wie man zu Mittag isst, das Auge auf das Börsenblatt gerichtet, – man lebt wie einer, der fortwährend etwas versäumen könnte.

FRIEDRICH NIETZSCHE (1844–1900)

»Man lebt wie einer, der fortwährend etwas versäumen könnte« – das, was Nietzsche für Europa kommen sah, ist schon längst da. Man hat sogar den Eindruck, als würde uns der Philosoph gerade zuschauen, wie wir zwischen zwei Geschäftsterminen einen Hamburger bei McDonald's in uns hineinstopfen. Als würde er uns gerade dabei beobachten, wie wir im Auto sitzen, gleichzeitig Radio hören und telefonieren. Nietzsche brandmarkte schon vor über hundert Jahren die Arbeitshast auf der einen, die Lust auf schnelle Vergnügungen auf der anderen Seite – zwei Seiten einer Medaille. Einerseits besuchen die Menschen Yogakurse und Entspannungsseminare, um mit dem Arbeitsstress besser zurechtzukommen, andererseits hacken sie in ihrer Freizeit hektisch auf Spielkonsolen und Gameboys herum, als gelte es, wilde Tiere oder böse Geister fernzuhalten. Wenn dabei die Puste ausgeht, was ja nur zu verständlich ist, mutiert der Mensch zum unansehnlichen und vollkommen bewegungslosen Stubenhocker: zieht seine bequemsten und gleichsam unerotischsten Klamotten an, um sich vor dem Fernseher mit Dümmlichkeiten und Brutalitäten berieseln zu lassen. Als hätte Nietzsche diese neue Variante des Homo sapiens schon gekannt, schreibt er:

»Es gibt nur selten Stunden der *erlaubten* Redlichkeit: in diesen aber ist man müde und möchte sich nicht nur gehen lassen, sondern lang und breit und plump sich *hinstrecken*.«

Ist es das, was wir wollen? Arbeiten bis zur Besinnungslosigkeit auf der einen und faulenzen bis zur

Besinnungslosigkeit auf der anderen Seite? Ein Leben ohne Besinnung, ohne jenen Moment also, in dem der Mensch darüber nachdenkt, *was* er gerade macht und *wen* er eigentlich in seinem Handeln darstellt? Wenn Sie jetzt über die Antwort nur nachdenken, haben Sie bereits bewiesen, dass Sie es eigentlich nicht wollen.

Das Tun soll bestimmen, was wir lassen: Indem wir tun, lassen wir.

FRIEDRICH NIETZSCHE (1844–1900)

Tun und lassen, Aktivität und Passivität – sind sie wirklich so ein radikaler Gegensatz? Bei genauem Hinsehen zeigt sich, dass Handeln ohne Nicht-Handeln prinzipiell undenkbar ist. Denn wenn ich mich für eine Handlung entscheide, lasse ich notgedrungen andere Handlungsoptionen hinter mir: Ich kann nicht gleichzeitig joggen *und* ins Kino gehen; kann nicht gleichzeitig Rechtsanwalt *und* Mediziner werden; und ich kann auch nicht E-Mails checken, während ich konzentriert arbeite.

Oft jedoch versuchen wir, mehrere Dinge zu tun, mit der Folge, dass wir in beidem nur einen mäßigen

Erfolg haben, weit unter unseren Möglichkeiten bleiben. Wie fruchtbar es sein kann, sich von lieb gewordenen Angelegenheiten im Alltag weitgehend zu verabschieden, zeigt eine Studie der University of British Columbia. Die kanadischen Forscher ermittelten, dass die Mitarbeiter eines durchschnittlichen EDV-Unternehmens im Schnitt alle fünf Minuten von einer neuen E-Mail aus ihrer Arbeit gerissen werden. Anschließend machen sie sich innerhalb von sechs Sekunden daran, die Nachricht zu beantworten. Dass dadurch der Arbeitsflow unterbrochen und viel Stress aufgebaut wird, liegt auf der Hand.

Als Gegenmittel verordnete man knapp 130 Mitarbeitern, ihren elektronischen Briefverkehr eine Woche lang auf drei »Mailzeiten« zu reduzieren. Sie sollten also nur drei Mal täglich in ihre elektronischen Briefkästen schauen, und den Rest der Zeit wurden alle Benachrichtigungstöne und aufflackernden Töne abgeschaltet.

Der Erfolg dieser Diät war durchschlagend. Die Mitarbeiter checkten ihre Mails nur fünf Mal pro Tag, während sie es normalerweise dreizehn Mal täglich taten. »Außerdem waren sie deutlich weniger abgelenkt und weniger unter Stress«, betont Studienleiter Kostadin Kushlev. Die Kommunikation wurde durch die E-Mail-Diät ebenfalls nicht eingeschränkt: Die Mitarbeiter erhielten und beantworteten genauso viele Mails wie sonst auch.

Selbst die Hoffnung hört auf zu beglücken, wenn die Ungeduld sie begleitet. JOHN RUSKIN (1819–1900)

Angenommen, Sie haben Ihre Bewerbungsunterlagen für die Durchführung eines Projekts abgegeben und warten nun auf eine Antwort Ihres potentiellen Auftraggebers. Und Sie warten und warten. Hat es nun Sinn, dort nachzubohren? Realisieren Sie besser erst einmal, was längerfristig wichtiger ist. Vergegenwärtigen Sie sich, was Ihr Anruf überhaupt bringen könnte. Denn die meisten Nachbohranrufe enden schon bei der Sekretärin (»Der Chef ist gerade nicht zu sprechen«), und wenn Sie den maßgeblichen Menschen tatsächlich erreicht haben, wird er sich meistens in die Enge gedrängt fühlen. Ganz davon abgesehen, dass er, wenn er tatsächlich ein guter Manager ist, sich vom Nachhaken und Hinterhertelefonieren nicht beeindrucken lässt. Außerdem: Wollen Sie den Auftrag, weil Sie von allen Bewerbern der beste sind, oder aber, weil

Sie der hartnäckigste sind? Denken Sie mal in Ruhe darüber nach.

Wenn Sie zu dem Schluss kommen, dass Sie einfach nur den Auftrag haben wollen, egal wie, dann sollten Sie sich auch die Frage stellen, ob Sie noch den richtigen Job haben. Denn die Egal-wie-Einstellung ist ein deutlicher Hinweis darauf, dass Sie entweder ein Anfänger in der Branche sind (in diesem Falle kann das eine oder andere unaufdringliche Nachhaken nicht schaden, um Ihren Namen in die Köpfe zu bringen; am besten per E-Mail, um weniger Druck aufzubauen!) oder aber dass Ihr Selbstbewusstsein am Boden ist – und das hat seine Ursache meistens darin, dass Sie in der gerade von Ihnen ausgeübten Tätigkeit eine Fehlbesetzung sind.

Ich weiß durchaus nicht, was ich tue! Ich weiß durchaus nicht, was ich tun soll!« – Du hast Recht, aber zweifle nicht daran: Du wirst getan! In jedem Augenblick! Die Menschheit hat zu allen Zeiten das Aktivum und das Passivum verwechselt, es ist ihr ewiger grammatikalischer Schnitzer.

FRIEDRICH NIETZSCHE (1844–1900)

In unserer abendländischen Welt sind wir gewohnt, das Gelingen bestimmter Handlungen mit dem Willen in Verbindung zu bringen. Wir sehen Fußballspieler, die nach einem Rückstand das Spiel noch herumbiegen, und bescheinigen ihnen einen »unbändigen Siegeswillen«; selbst einem Depressionskranken gibt man gerne auf den Weg, dass er schon gesunden wird, »wenn er es nur richtig will«; und schließlich glauben wir, uns durch den energischen Willen auch charakterlich verbessern zu können.

Die Geschichte, dass uns prinzipiell alles gelingen kann, wenn wir nur wollen, gehört zu den letzten Märchen, an die wir in unserer modernen Welt glauben. Sie ist, wie Nietzsche ebenfalls erkannte, das Produkt unserer Eitelkeit, die nicht davon lassen kann, uns als Subjekt des Willens im aktiven Zentrum des Weltgeschehens zu betrachten. Doch ist der unheilbar Krebskranke wirklich nur gesund geworden, weil er es mit aller Kraft wollte? (das wollen doch die anderen Krebspatienten auch, oder etwa nicht?) Erst recht scheitert das Modell vom Willen, wenn es um unseren Charakter geht. Dass jemand vom Saulus zum Paulus wird, funktioniert nicht über Nacht, nur weil er es plötzlich aus vollem Herzen will. Den Quantensprung der Psyche, der aus uns spontan einen besseren Menschen macht – das gibt es in Legenden, Märchen und Hollywoodfilmen, nicht aber in der Realität.

Wenn du etwas Bestimmtes erreichen möchtest, musst du dich in einen bestimmten Menschen verwandeln. ZENJI DŌGEN (1200–1253)

Sie wollen ein überragender Sportler werden oder in der Karriereleiter vorankommen? Okay, dagegen ist nichts zu sagen. Auch der durch Zenji Dōgen repräsentierte Zen-Buddhismus hat nichts dagegen. Doch wenn Sie glauben, dass sich Ihre Pläne schon verwirklichen werden, wenn Sie nur richtig wollen, dann haben Sie die Zen-Philosophie nicht mehr hinter sich.

Für die sieht die Realität vielmehr so aus: Wenn wir zum großen Sportler oder auch zu einem guten Vater oder anständigen Menschen werden wollen, dann müssen wir uns zu ihnen verwandeln. Der angehende Sportler muss für seinen Karrieretraum trainieren, trainieren und nochmals trainieren, und auch der Weg zum anständigen Menschen wird nicht etwa beschlossen, sondern durch zahlreiche anständige Handlungen bereitet.

Wobei das nur funktioniert, wenn kein Zwang von außen dahintersteckt. Niemand wird zum großen Sportler, wenn er nur von außen dazu gepusht wird, er muss auch innerlich das Verlangen dazu verspüren. Niemand wird zum moralischen Menschen, wenn er von außen mit moralischen Geboten traktiert wird – er muss auch innerlich ein echtes Verlangen fühlen. Das hat weniger etwas mit festem und unbändigem Willen zu tun als mit der Bereitschaft, sich auf das Wagnis des Werdens einzulassen, das wir eingehen, wenn wir einfach nur tun, was uns von innen aufgegeben wird.

Hoffnungslos erleuchtet

Zenji Dōgen entstammte einer Adelsfamilie, die seinerzeit in Japan militärisch und wirtschaftlich eine führende Rolle spielte. Allerdings verzettelte sich sein Vater in Machtkämpfe, und als er 1202 starb, musste die Mutter mit dem zweijährigen Sohn den Hof verlassen und nach Kobata umsiedeln, wo ihre Eltern ein Landgut besaßen. Sie starb im Winter 1207 – und ihr Sohn blieb als Vollwaise zurück. Zenji bezeichnete dieses Ereignis später als den Wendepunkt in seinem Leben.

Sein Onkel wollte ihn eigentlich adoptieren und zum Aristokraten ausbilden lassen, doch der Junge verließ heimlich das Haus und pilgerte zum Berg Hiei, wo sich das berühmte Tempelzentrum des Tendai-Buddhismus befand. Am Fuße des Berges lebte ein Mönch namens Ryōkan, ein Bruder von Dōgens Mutter. Er unterstützte Zenji bei seinem Plan, sich an einem Kloster zum Mönch ausbilden zu lassen. Dort erhielt er auch den Namen, unter dem man ihn heute kennt: Dōgen (»Ursprung des Weges«).

Er beschäftigte sich fortan mit der Buddha-Natur. Nach der Überzeugung der Mahayana-Buddhisten, zu denen auch die Tendai-Schule gehörte, ist die Buddha-Natur allen Menschen angeboren. Was jedoch bei Dōgen die Frage aufkommen ließ, warum ein Entschluss und so viele harte Übungen nötig sind, um etwas zu erreichen, was eigentlich von Natur aus immer schon gegeben ist. Oder bildlich ausgedrückt: Warum soll man sich im Lotussitz die Knie verrenken, wo doch Buddha schon in uns wohnt?

Die Frage war für den leitenden Abt jedoch kein Grund, den Novizen zurechtzuweisen oder gar aus dem Kloster zu werfen – er schickte ihn vielmehr auf Reisen, um andere führende Geistliche der Zeit mit der Frage zu konfrontieren. Mit der Folge, dass Dōgen sehr viel lernte und selbst zu einem der großen Philosophen des Zen wurde.

Zentraler Punkt seiner Lehre ist, dass im sogenannten Zazen, also in der gegenstandslosen, im Lotussitz durchgeführten Meditation, der alleinige Weg zur Erleuchtung liegt. Wobei das jedoch niemals das Ziel der Meditierenden sein darf. Vielmehr soll die Zazen-Übung so aufgefasst werden, dass sie selbst mit dem Ziel identisch ist. Der Übende hat davon auszugehen, dass er allein durch das korrekte Einnehmen der Sitzhaltung und die Beachtung der einschlägigen Meditationsregeln bereits am Ziel ist. Mit Zenji Dōgen wird der Zen-Buddhismus endgültig *hoffnungslos* und von allen Perspektiven befreit: Die Aufmerksamkeit soll sich nur noch auf die Gegenwart richten.

*K*ein Mensch ist so wichtig, wie er sich nimmt.

IMMANUEL KANT (1724–1804)

Es gehört zu den Phänomenen des modernen Alltags, dass viele Angelegenheiten mit heißer Nadel gestrickt werden. Wer in die Hallen von Werbe- und PR-Agenturen, von Tageszeitungen und Internetredaktionen, von Architekturbüros und Veranstaltungsagenturen schaut, gewinnt hier schnell den Eindruck, dass alles ungeheuer wichtig und absolut eilig ist. Selbst in Behörden finden wir immer mehr von diesen aggressiven und selbstsicheren Managertypen, die permanent im Nanosekundentempo lebenswichtige Entscheidungen zu treffen scheinen. Tatsache ist, dass davon bei weitem nicht alles von wirklich großer Bedeutung ist und nach einem Schnellschuss aus der Hüfte ruft.

Um sich selbst klarzuwerden, welche Entscheidungen wirklich wichtig sind, sollte man sie in die folgenden Kategorien unterteilen: nämlich die reversiblen einerseits und die irreversiblen andererseits. Reversible Entscheidungen kann man getrost im Eiltempo treffen, da sie ja von geringer Tragweite und umkehrbar sind. Irreversible Entscheidungen sollten hingegen nicht aus der Hüfte kommen. Denn sie sind nicht ohne weiteres umkehrbar, sie können das Leben entscheidend beeinflussen und den Daumen über das Schicksal von Menschen, Ehen, Unternehmen und Staaten heben oder senken.

Das Beginnen einer Romanze etwa ist reversibel, die Ehe ist da schon schwerer umkehrbar, und Kinder sind absolut unumkehrbar, denn wenn sie da sind, sind sie da. In einer Firma gehören beispielsweise die Preisgestaltung zu den korrigierbaren und die Auswahl eines Markennamens zu den irreversiblen Entscheidungen. Letzten Endes ist es aber Ihnen überlassen, die Umkehr- oder Nichtumkehrfähigkeit einer Angelegenheit einzuschätzen. Und es lohnt sich, schon darüber nachzudenken, bevor das Kind in den Brunnen gefallen ist.

Aus der Stille werden die wahrhaft großen Dinge geboren.
THOMAS CARLYLE (1795–1881)

Schon der Begriff des »Stillens« zeigt, dass Stille mehr ist als nur die Abwesenheit von Lärm. Denn wenn die Mutter ihr Baby anlegt, heißt das nicht nur, dass das Geschrei aufhört, sondern auch, dass das Kind genährt wird. Und bei der Stille selbst ist es nicht viel anders: Auch sie dient unseren geistigen Potentialen als Quelle der Kraft.

So entdeckten Neurowissenschaftler, dass unser waches Gehirn nicht einfach herunterschaltet, wenn es von den Umweltreizen abgekoppelt wird, sondern das sogenannte »Default Network« aktiviert. Es handelt sich dabei um einen Schaltkreis von Hirnarealen, die dafür sorgen, dass wir unsere Gedanken auch ohne Einfluss von außen wandern lassen.

Dabei werden sie aus ihrem Reaktionsmuster (Reiz A führt zu Hirnantwort B) befreit, so dass neue Ideen zustande kommen, die in der Dauerberieselung des Alltags nicht entstanden wären. Vorausgesetzt, dass wir die Stille nicht dazu nutzen, um doch wieder in den Alltag zurückzukehren und uns beispielsweise damit beschäftigen, dass man noch eine Rechnung bezahlen oder die Schwiegermutter anrufen muss, weil sie Geburtstag hat. Wer das macht, legt sein Default-Network schlafen – und damit haben sich die Chancen auf einen kreativen Akt gleich wieder erledigt.

Wer Stille nutzen will, darf nicht nur den Lärm um sich herum zur Ruhe bringen. Er muss lernen, auch das Gedankengetöse *in sich selbst* zu besänftigen.

Nichtstun ist besser, als mit viel Mühe nichts zu schaffen. KUNGFUTSE (551–479 v. CHR.)

Hektische Geschäftigkeit verhindert nicht nur, dass wir uns intensiv mit einer Sache beschäftigen. Sie unterdrückt auch die Kreativität. »Reine Hektik bringt gar nichts hervor«, sagt der koreanische, mittlerweile in Berlin lehrende Philosoph Byung-Chul Han. »Sie reproduziert nur, beschleunigt das bereits Vorhandene.« Dem immerzu aktiven Menschen kann sich »kein Geist einhauchen«, wie das lateinische Wort »Inspiration« übersetzt heißt, denn er hat weder die Zeit noch die Muße, um sich für Eingebung zu öffnen. Außerdem steht er unter Stress, und dies bedeutet, dass man nicht agiert und das Zepter des Geschehens in der Hand hält, sondern nur re-agiert, also auf äußere Reize antwortet. Außerdem nimmt man unter Stress von möglichen Handlungsvarianten immer nur diejenige, die man gut kennt und deshalb für erfolgversprechend hält. Für Neues ist da kein Platz.

Ein guter Gedanke, so Han, komme nicht auf Knopfdruck: »Er schenkt sich uns gerade dann, wenn wir *ablassen* und *loslassen*: wenn wir schlafen, schlendern, phantasieren und träumen.« Weswegen gerade Philosophen so viel vom Wandern gehalten haben. Aber auch im Traum bringen wir Dinge zusammen, die eigentlich nicht zusammengehören. Vielen Denkern und Wissenschaftlern, aber auch Kreativen und Tüftlern kommt frühmorgens plötzlich der erleuchtende Gedanke, um den sie am Tag zuvor verzweifelt gerungen haben.

WARTEN, BIS MAN REIF GENUG IST

Kungfutse – oder Konfuzius – stammte zwar aus einem Adelsgeschlecht, doch er war alles andere als ein verwöhnter Müßiggänger. Schon in jungen Jahren gründete er seine eigene Schule, die so erfolgreich wurde, dass man ihm immer wieder öffentliche Ämter antrug. Er lehnte jedoch ab: »Nicht das soll einen bekümmern, dass man kein Amt hat, sondern dass man dafür tauglich werde.« Es entsprach seiner grundsätzlichen Einstellung, wonach man besser nichts tut als irgendetwas, das zwar bemüht wirkt, sich aber am Ende als untauglich zum Erreichen des Ziels herausstellt.

So ergriff Kungfutse erst mit fünfzig Jahren sein erstes Amt – als Justizminister in seinem Heimatstaat Lu (der heutigen chinesischen Provinz Shantung). Zunächst erfolgreich, doch dann musste er seinen Hut nehmen, weil der Hofstaat die gestrengen Grundsätze ihres Ministers nicht mehr hinnehmen wollte. Der Philosoph verschwand für dreizehn Jahre auf Wanderschaft, um schließlich wieder ehrenhaft – wenn auch ohne Amt – von seiner Heimat aufgenommen zu werden. Sein strenger Moralismus verschaffte ihm Respekt, aber keine Sympathien. Man bescheinigte ihm eine »geradezu bedrückende Vollkommenheit«, doch aufrichtig folgen wollte ihm niemand. Kungfutse starb im Alter von zweiundsiebzig Jahren, letzten Endes frustriert darüber, mit seinem moralischen System ohne Einfluss auf das politische Geschehen geblieben zu sein.

Träume führen uns oft in Umstände und Begebenheiten hinein, in die wir wachend nicht leicht hätten verwickelt werden können, oder lassen uns Unbequemlichkeiten fühlen, welche wir vielleicht als klein in der Ferne verachtet hätten und eben dadurch mit der Zeit in dieselben verwickelt worden wären. Ein Traum ändert daher oft unseren Entschluss, sichert unseren moralischen Fond besser als alle Lehren, die durch einen Umweg ins Herz gehen. GEORG CHRISTOPH LICHTENBERG (1742–1799)

Die moderne Psychologie bestätigt, dass starke Träumer, die sich gut an ihre nächtlichen Erlebnisse erinnern können, überdurchschnittlich kreativ sind. Der Grund: Um kreativ zu sein, muss man einen Weg finden, die Gedanken frei fließen zu lassen und offen für Alternativen zu sein, die man sonst übersehen würde. Und genau das wird im Traum trainiert, denn das träumende Hirn führt uns dorthin, wohin wir im wachen Zustand wohl nie gekommen wären.

Der Chemiker Friedrich Kekulé träumte 1864 von einer Schlange, die sich in ihren eigenen Schwanz biss. Der Wissenschaftler interpretierte dies als Hinweis auf die lang gesuchte Molekülstruktur von Benzol – der Benzolring war geboren. Auch Musiker Billy Joel und Schriftsteller Stephen King lassen sich von Melodien und Geschichten inspirieren, die ihnen im Schlaf erscheinen. Salvador Dalí war von der kreativen Kraft des Traums derart überzeugt, dass er seine Hand aus dem Bett hängen ließ und einen Schlüssel darin deponierte. Sobald er einschlief, glitt der Schlüssel scheppernd auf den Boden, so dass der Künstler aufwachte und sich genau an seinen Traum erinnern konnte.

5.
EINFACH GLÜCKLICH:

———

Fortuna lässt sich nicht zwingen

»Glück aber, welches es auch sei, gibt Luft, Licht und freie Bewegung.« So sagte es Friedrich Nietzsche, der ein fleißiger Wanderer war. Und man will ihm darin recht geben: Denn was wäre das Leben ohne Bewegung, gute Luft und genügend Licht? Wer einmal einen schweren Unfall oder auch nur einen Hexenschuss hatte, wer einmal einen Sommer in Peking oder einen Winter in Norwegen verbrachte, wird dies aus eigener Erfahrung bestätigen können. Nämlich aus der Erfahrung, wie unglücklich man ist, wenn man kein Licht, keine saubere Luft und keine freie Bewegung hat. Andererseits leben in Norwegen und Peking durchaus glückliche Menschen, und der Tübinger Hirnforscher Niels Birbaumer konnte sogar nachweisen, dass völlig gelähmte Menschen – sogenannte Locked-in-Patienten – sehr viel Lebensqualität empfinden. Zum Teil sind sie sogar glücklicher als wir, die jederzeit laufen und sich nachdenklich am Kopf kratzen können. Es scheint also nicht zulässig, wenn wir alles, auf das wir nur schwer verzichten können, als die notwendigen Säulen unseres Glücks betrachten.

Doch wovon hängt das Glück dann ab? Offenbar stark von der jeweiligen Epoche, wie britische Psychologen der University of Bolton festgestellt haben, als sie eine Glücksstudie aus dem Jahr 1938 neu auflegten und die Aussagen von damals mit denen von heute verglichen. Demnach hat sich an der Spitze der Top Ten des Glücks in den letzten acht Jahrzehnten einiges verändert. Sicherheit, Wissen, Glaube: Das war 1938 das Dreigestirn, das auf dem Glückshimmel der Menschen ganz oben stand. Geblieben ist davon auf der Rangliste von heute nur noch der Wert »Sicherheit« auf Platz drei. Die ersten beiden Ränge nehmen jetzt zwei typisch individualistische Werte ein: »gute Stimmung« und »Freizeit«. Immerhin: Wenig verändert hat sich die Bewertung materieller Güter: Die Frage, ob »ihr Glück direkt mit Besitz und Wohlstand verbunden ist«, beantworten heute siebenundsiebzig Prozent mit »nein«, und das entspricht weitgehend den Werten von 1938.

Ein weiterer wichtiger Faktor ist aber auch die

Herkunft der Menschen. So wird die Glücksliste in Deutschland – laut einer Umfrage des Statistischen Bundesamtes – von »Freunde um mich herum«, »Leben in einer Partnerschaft« und »Eigene Ziele erreichen« angeführt, was wiederum völlig anders ist als die drei Faktoren, die in der englischen Untersuchung genannt wurden. Die materiellen Werte hingegen zählen in Deutschland – sofern die Befragten nicht gelogen haben – ähnlich wenig wie in England.

Die Philosophen freilich kümmern sich in ihrem Glücksverständnis weniger um kulturelle und historische Besonderheiten als um die *allgemeinen*, mehr oder weniger für *alle* Menschen geltenden Faktoren, die uns glücklich machen – bzw. uns daran hindern, glücklich zu werden. Vieles von dem, was sie in ihren Reflexionen herausgefunden haben, klingt – wie immer, wenn Philosophen argumentieren – sehr überzeugend. Doch man sollte bei alledem bedenken, dass es von ihnen nur wenige schafften, selbst zu einem glücklichen Leben zu finden. Gerade auch deswegen, weil sie ihr Augenmerk gerne auf das lenken, was der Mensch in seinen Vorstellungen, Urteilen und Handlungen alles falsch macht. Dabei geht leicht der Blick auf das verloren, was einfach nur glücklich macht. Nicht umsonst konstatierte Friedrich Nietzsche, auch mit Blick auf sich selbst:

»Der Philosoph ist zu einem gemeinschädlichen Wesen geworden. Er vernichtet Glück, Tugend, Kultur, endlich sich selbst.«

Habe Vertrauen zum Leben – und es trägt dich lichtwärts.
Vertraue auf dein Glück – und du ziehst es herbei.

LUCIUS SENECA (4 V. CHR. – 65 N. CHR.)

Haben Sie solch eine Geschichte nicht auch schon mal gehört? Der alte Herr saß in der Praxis seines Hausarztes und jammerte, dass sich keiner um einen kümmern würde, nicht einmal der eigene Hausarzt. Einige Tage später kam der Arzt zu ihm zu Besuch, und da brummelte derselbe alte Herr zu seiner Frau: »Kein Wunder, dass der kommt. Kriegt ja auch immerhin fünfzig Euro dafür.«

Manchen Menschen kann man es eben nie recht machen.

Doch wenn wir ehrlich zu uns sind, dann müssen wir gestehen, dass es auch in unserem Leben nur wenige gibt, denen wir wirklich vertrauen. Unseren

Eltern vielleicht, und, wenn es gut läuft, noch unseren Lebensgefährten. Doch sonst? Jetzt könnte man natürlich einwenden: »Ich habe schon so vielen vertraut und bin dabei so oft enttäuscht worden, dass ich mir heute dreimal überlege, ob ich noch jemandem mein Vertrauen schenke.« Und in der Tat: Wird unser Vertrauen missbraucht, so ist dies eine ganz schlimme Erfahrung. »Vertrauen ist eine zarte Pflanze«, erklärt uns Otto Graf von Bismarck. »Ist es zerstört, kommt es so bald nicht wieder.« Dennoch besteht das eigentliche Problem meistens nicht darin, dass unsere Mitmenschen per se vertrauensunwürdig sind, sondern darin, dass wir zu viel von ihnen erhoffen und erwarten. Mit anderen Worten: Wir vertrauen ihnen, obwohl sie diesen Vertrauensvorschuss gar nicht erfüllen können. Und da bleiben natürlich Enttäuschungen nicht aus.

Mit dem Vertrauen ins eigene Lebensglück ist es nicht anders. Wenn wir etwas von ihm erwarten, dass es uns per se nicht geben kann, werden wir zwangsläufig enttäuscht. Wir werden nie so aussehen wie die Models aus den Hochglanzmagazinen und nie so viel Geld haben wie Bill Gates, und wir werden auch unsere Examensprüfung nicht mit Auszeichnung bestehen, wenn wir nicht dafür geübt haben. Genauso, wie wir unsere Ehe nicht retten werden, indem wir uns nach vielen Jahren endlich dazu entschließen, ein Baby zu machen. Denn kein Mensch auf der Erde und erst recht kein Kind ist dazu da, um uns glücklich zu machen. Das müssen wir schon selbst tun.

Wenn wir jedoch das Vertrauen richtig dosiert auf die erfüllbaren Dinge lenken, wird es in der Tat zum Quell unseres Lebensglücks. Denn es macht unser Leben einfacher, als wenn wir misstrauisch durch die Welt gehen. Der deutsche Soziologe Niklas Luhmann sagte einmal: »Die Bewältigung des Lebens besteht im Wesentlichen darin, dessen Komplexität zu reduzieren.« Und eines der wichtigsten Instrumente dazu sei das Vertrauen, denn es ist uns praktisch ja unmöglich, alles zu überprüfen und zu kontrollieren.

Wenn wir unseren Kollegen vertrauen, dass sie nicht hinter unserem Rücken an unserem Stuhl sägen, ist das deutlich einfacher und stressfreier, als wenn wir ständig kontrollieren, wie sie über uns reden. Wenn wir unserem Partner vertrauen, dass er nicht bei jeder erstbesten Gelegenheit fremdgeht, ersparen wir uns, ihm hinterherzutelefonieren und ihn mit nerv- und beziehungstötenden Fragen zu quälen. Wenn wir morgens einfach aus dem Haus gehen können, ohne Angst vor einem Überfall, ist das ein Segen für unseren Adrenalinspiegel und damit auch für unsere Blutgefäße. Wenn wir unseren eigenen Möglichkeiten so weit Vertrauen schenken, dass wir in deren Rahmen schon unseren Abschluss bauen und einen guten Job bekommen werden, gibt uns das genug Selbstvertrauen und eine breite Brust, so dass am Ende wirklich alles gutgehen wird, weil wir das Notwendige dazu beitragen konnten. Der Rat »Vertraue auf dein Glück« ergibt durchaus Sinn, wenn wir ihn im Hinblick auf das verstehen, was *möglich* ist. Und auf das, was ich *verdient* habe. Wenn ich fürs Examen gebüffelt habe, ist es richtig und konsequent, wenn ich auf das Glück in der Prüfung vertraue. Wenn ich jedoch nicht geübt habe, sollte ich dem Glück nicht allzu sehr vertrauen, denn ich habe nicht genug getan, damit es zu mir kommen kann.

GLÜCKLICH, OHNE EIN GLÜCKSPILZ ZU SEIN

Der römische Philosoph Seneca hatte es nicht leicht. Er gehörte zum engsten Beraterkreis von Kaiser Nero, was nicht nur wegen der Allüren und Wahnideen des Caesars, sondern auch wegen der Intrigen in dessen Umfeld überaus problematisch war. Doch Seneca ertrug dies, wie es seine bevorzugte Philosophierichtung ihm auftrug: mit *stoischem* Gleichmut. Ihm war klar, dass der Tod jederzeit an seine Tür klopfen konnte: »Niemanden hat das Schicksal so emporgehoben, dass es sich ihm nicht ebenso oft in seiner bedrohlichen Gestalt gezeigt hätte wie in seiner Gunst. Traue nicht dieser Windstille: ein Augenblick genügt, um das Meer aufzuwühlen. An demselben Tag, wo die Schiffe noch um die Wette fuhren, wurden sie von den Wellen verschlungen. Sei gefasst darauf, dass ein Räuber, dass ein Feind dir das Schwert an die Gurgel setzt.«

Weswegen Seneca keinen Sinn darin sah, am Leben festzuhalten: »Es gibt nur eine Kette, die uns gefesselt hält, nämlich die Liebe zum Leben. Wir dürfen sie nicht von uns weisen, aber wir müssen ihren Druck mindern, damit uns unter dem Druck der Umstände nichts zurückhalte und hindere, bereit zu sein, unverzüglich das zu tun, was einmal doch geschehen muss.«

In Neros Bemühen, die Intrigen gegen sich durch einen Rundumschlag zu erledigen, geriet schließlich auch sein jahrelanger Lehrer und Weggefährte in sein Visier. Der Kaiser befahl dem Philosophen den Selbstmord – und der kam diesem Befehl nach. Nicht etwa, weil er seinem Kaiser bedingungslos hörig war, sondern weil es Seneca, der schon länger asthmakrank war und sich bereits im Herbst seines Lebens befand, als eine naheliegende Lösung betrachtete, um seine Familie und Freunde vor Nachstellungen zu schützen und anständig aus dem Leben zu scheiden: »Vor dem Eintritt ins Greisenalter war es mein Bestreben, in Ehren zu leben, nun, da es da ist, in Ehren zu sterben.«

Die Menschen suchen ihr Glück, ohne zu wissen, auf welche Art sie es finden können: wie Betrunkene ihr Haus suchen, im unklaren Bewusstsein, eines zu haben. VOLTAIRE (1694–1778)

Irgendwie glaubt ja jeder zu wissen, was ihn glücklich macht. Aber oft irren wir uns dabei: Wir sind, wie es die moderne Psychologie ausdrückt, schlechte »emotionale Forecaster«: Wir erwarten Glücksgefühle von den falschen Dingen, überschätzen eine Reihe vermeintlicher Glücksfaktoren und unterschätzen andere. Und sind dann am Ende nicht so glücklich, wie wir sein könnten.

Wenn wir also unser Glück finden wollen, gehört auch eine große Portion Realismus dazu. Es sind die hoffnungslosen Pessimisten, die an ihrer Schwarzseherei, und die hoffnungsfrohen Romantiker, die an ihren hochgesteckten Sehnsüchten unglücklich werden. Den Realisten hingegen winkt zumindest die Chance, im Rahmen ihrer Möglichkeiten das rechte Glück zu finden.

Unverbesserlicher Optimismus fördert hingegen – auch wenn viele das glauben – nicht gerade unbedingt Lebensqualität. Wie Wissenschaftler aus Deutschland und der Schweiz in einer Studie an Senioren ermittelten, haben diejenigen, die ihre Zukunft eher in Rosatönen sehen, sogar ein um zehn Prozent erhöhtes Sterberisiko. Der Grund: Sie gehen selbst in ausweglosen Situationen – wie etwa bei unheilbaren Erkrankungen und einer zerrütteten Ehe – noch in den Kampf und riskieren dadurch, körperlich und psychisch über ihre Grenzen zu gehen. Besser also, man sieht seine Zukunft nicht ganz so rosig.

Das Vergleichen ist das Ende des Glücks und der Anfang der Unzufriedenheit.

SÖREN KIERKEGAARD (1813–1855)

In dem Moment, in dem ich mich mit anderen Menschen vergleiche, ist es um mein Glück, sofern es denn überhaupt vorhanden war, geschehen. Denn beim Vergleichen können eigentlich nur zwei Ergebnisse herauskommen: Entweder entdecke ich, dass der andere besser, glücklicher, mächtiger oder überhaupt besser dran ist als ich, und dann werde ich neidisch, was bekanntlich als Giftspritze fürs Gemüt kaum zu übertreffen ist. Oder aber ich entdecke, dass er schlechter dran ist als ich, und dann empfinde ich Häme, Schadenfreude oder Mitleid, je nachdem, wie mein Charakter ist. Jedenfalls klingt das auch nicht unbedingt nach Glückseligkeit. Allerdings kann das Mitleid wenigstens eine Basis für künftiges Glück sein. Denn so sagte schon der französische Dichter Alfred de Musset (1810–1857):

»Von allen Schwestern der Liebe ist das Mitleid die schönste.«

Im Buddhismus und auch in der Philosophie Arthur Schopenhauers spielt das Mitleid eine wichtige Rolle auf dem Weg zur Erlösung. Denn indem es uns für die Nöte anderer Menschen öffnet, befreit es uns aus dem Gefängnis unserer Ich-Bezogenheit.

Kierkegaards Leben stand wesentlich unter dem Zeichen einer unglücklichen Liebe. Im Frühjahr 1837 begegnete er der damals vierzehnjährigen Regine Olsen, und die beiden fühlten sich stark zueinander hingezogen. In den folgenden Jahren wurde der Philosoph ein häufiger Gast im Haus der Familie Olsen, und dabei wurde die Liaison immer inniger. Im September 1840 kam es sogar zur Verlobung.

Doch dann das Unfassbare: Plötzlich überfielen Kierkegaard starke Zweifel daran, ob er seine künftige Frau jemals glücklich machen könnte. Denn er hielt sich für zu sündhaft, und die in seinem Erbgut väterlicherseits angelegte Schwermut würde Regine erst recht ins Unglück zu stürzen. Aus den Zweifeln wurde Verzweiflung, die darin mündete, dass Kierkegaard seiner Geliebten den Verlobungsring zurückschickte. Was ihn aber nicht daran hinderte, Regine weiterhin zu beobachten, beispielsweise seine Spaziergänge »zufällig« ihre Spaziergänge kreuzen ließ. Klar, dass er dabei den Trennungsschmerz nur verstärkte – und das nicht nur bei ihr, sondern auch bei sich selbst. Nach dem Bruch mit Regine unternahm er keinen einzigen Versuch mehr, sich einer Frau zu nähern.

In der Philosophiegeschichte gilt als sicher, dass seine unglückliche Liebe wesentlich zu Kierkegaards umfangreichem Werk beitrug. Regine heiratete zwei Jahre nach dem Ende der Verlobung einen erfolgreichen Anwalt und Staatsbeamten.

Verlange nicht, dass alles, was geschieht, so geschieht, wie du es willst, sondern wünsche dir, dass alles so geschieht, wie es geschieht, und du wirst glücklich sein. EPIKTET (CA. 50–130)

Das Unglück der meisten Menschen besteht darin, dass sie von einer Welt jenseits der Realität träumen, anstatt die Realität wie einen schönen Traum zu erleben. So erhoffen sie sich in ihrem Liebesleben einen Traumpartner, der all ihren Vorstellungen entspricht, und in ihrem Berufsleben einen Job, in dem sie sich voll entfalten können. Doch das ist ungefähr so sinnvoll, wie von seinem Fußballverein zu erhoffen, dass er immer gewinnt. Trotzdem haben Fußballclubs ihre Fans, die ihnen auch in Krisenzeiten die Stange halten. Der Grund: Weil sie sich ein Leben ohne ihren Club nicht vorstellen können, weil sie sich voll mit ihm identifizieren.

Genau das sollte uns eigentlich auch im Alltag gelingen – doch komischerweise schaffen das nur die wenigsten. Warum eigentlich?

Die Antwort: Wir beklagen die Umstände um uns herum, anstatt das Wertvolle dieser Umstände für uns zu gewinnen. Dabei sollten wir die alltäglichen Dinge des Lebens zu einem Wert für uns machen. Wobei es keineswegs darum geht, sie uns schönzureden. Im Gegenteil! Wir sollten sie vielmehr sehen, wie sie sind. Denn die Dinge werden nicht dadurch zu einem Problem, dass sie schlecht sind, sondern dadurch, dass wir sie in einem schlechten Licht sehen. Nicht die Dinge müssen sich ändern (was sie ja ohnehin meistens nicht können), sondern wir müssen unsere Betrachtungsweise von ihnen ändern. Was konkret heißt: Wir müssen lernen, sie so zu sehen, wie sie sind – und nicht, wie es unseren Vorurteilen entspricht.

Wenn wir von Glück oder Unglück sprechen, so täuschen wir uns stets, weil wir nach den Verhältnissen und nicht nach den Personen urteilen. Eine Lage ist nie unglücklich, wenn man Gefallen an ihr findet. Und wenn wir von einem Menschen sagen, er sei unglücklich in seiner Lage, so meint dies nichts Anderes, als dass wir unglücklich wären, wenn wir bei unserer organischen Beschaffenheit an seiner Stelle wären.

CHARLES-LOUIS DE SECONDAT MONTESQUIEU (1689–1755)

Wir sehen einen Landstreicher, wie er sich im November auf der Parkbank in seinen Schlafsack einrollt, und denken: So könnte ich nie leben, was für ein Elend! Wir sehen, wie die Yellow Press sich erbarmungslos über Prominente hermacht und sie in jedem versteckten Winkel mit ihren Kameras aufspürt, und denken: Auch so könnte ich nie leben, was für ein Leben auf dem Präsentierteller! Tatsache ist jedoch, dass viele Menschen mit ihren für uns unglücklich erscheinenden Situationen gut zurechtkommen. Der Grund: Es ist ihr Leben, in der Regel hatten sie Zeit genug, sich damit zu arrangieren, und oft haben sie es sogar herbeigewünscht. Im Unterschied zu uns, denen der Einblick in dieses Leben fehlt.

Fazit: Es ist Vorsicht angebracht, wenn wir über die Lebenssituation anderer Menschen urteilen. Nichtsdestoweniger gibt es natürlich auch Umstände, über die man nicht streiten kann. Wenn etwa ein Kind aus der Dritten Welt jeden Tag mit hungrigem

Magen aufwacht und am Abend wieder mit hungrigem Magen einschläft, dann ist das einfach nur unerträglich, egal, aus welchem Blickwinkel man es betrachtet.

Die Weisen, ob sie Glück trifft oder Unglück, nicht hoch- oder tiefgemut sich jemals zeigen.

GAUTAMA BUDDHA (ETWA 560–480 V. CHR.)

Eine Weisheit, die Sie sich gut merken sollten. Denn es ist in der Tat lohnend, sich mit seinen Ängsten und auch mit seinem Selbstbewusstsein bedeckt und »den Ball schön flach« zu halten. Denn wer sich betont siegesgewiss gibt und dann aber eine Niederlage einstecken muss, wird schnell zur lächerlichen Figur. Und wer sich ängstlich gibt, wird ohnehin keinen Erfolg haben. Die Wahrheit liegt vielmehr im Gleichmut, und zwar im strengen Sinne des Wortes. Man sollte in jeder Situation den gleichen Mut zeigen, wohl ruhige Gelassenheit ausstrahlen, aber niemals großkotzig daherkommen.

Gleichmut heißt nicht, dass Sie Ihre Emotionen unterdrücken und sich unentwegt von anderen verletzen lassen sollten. Denn wer Ärger unterdrückt, bei dem wird der Zorn später nur umso mehr herausbrechen. Wenn Ihnen jemand Unrecht tut oder etwas wirklich Wichtiges unterlässt, sollten Sie auch sofort eingreifen. Beziehen Sie entschieden Stellung! Versichern Sie sich der Hilfe! Beenden Sie die Angelegenheit oder lassen Sie den Dingen ihren Lauf, je nachdem. Aber legen Sie nicht enttäuscht die Hände in den Schoß, denn das führt letzten Endes dazu, dass Sie Ihre Gelassenheit verlieren.

Der Mensch wird durch das Leid erst gehärtet, um das Glück ertragen zu können; so wie der Ton im Feuer gebrannt wird, um Wasser fassen zu können.

AURELIUS AUGUSTINUS (354–430)

Ist Ihnen nicht auch schon aufgefallen, dass Sie sich gerade dann am glücklichsten fühlen, wenn Sie eine Krise hinter sich haben? So erlebt man seine Gesundheit am intensivsten, wenn man sich gerade von einer Krankheit erholt. Und die Sättigung ist am schönsten, wenn man zuvor besonders hungrig war.

Es liegt eben in unserer Natur, dass wir das Glück einer Situation umso intensiver spüren, wenn wir soeben ihr Gegenteil erlebt haben.

Jetzt können wir aus diesem Phänomen zwei Schlüsse ziehen: Erstens, dass es schöne und gute Dinge für uns nur gibt, wenn auch ihr Gegenteil existiert. Das eine ist als notwendig zur Existenz des anderen, genauso wie umgekehrt. Und zweitens, dass wir nicht klagen sollten, wenn es uns gerade schlecht geht. Weil wir danach umso intensiver das Gute spüren werden.

Wer ständig glücklich sein will, muss sich oft verändern. KUNGFUTSE (551–479 v. CHR.)

Wir neigen oft dazu, unsere augenblickliche Lebenssituation so zu belassen, wie sie ist, selbst dann, wenn sie eigentlich miserabel ist. Der Grund: Wir haben mehr Angst vor der Veränderung als davor, dass sich an unserem Elend möglicherweise nie etwas ändern wird.

Genau betrachtet ist das freilich unlogisch. Denn warum sollte ich vor etwas Angst haben, von dem ich noch nicht weiß, was es ist? Außerdem sollte man sich vergegenwärtigen, dass das Verharren im Augenblick nichts mit dem Leben des Augenblicks zu tun hat. Im Gegenteil. Wenn ich einen Augenblick einfriere, mutiert er vom spannenden Moment zum langweiligen Dauerzustand. Wenn ich jedoch den Augenblick lebe, nehme ich ihn, so wie er kommt – und so, wie er geht. Das unterscheidet den mutigen Lebenskünstler, der sein Dasein genießt, vom ängstlichen Bedenkenträger, der ewig über sein Dasein klagt.

6.
ZWISCHEN PLACKEREI UND BERUFUNG:

—

Wie wichtig ist Arbeit?

Mit Arbeit schaffen wir nicht nur die materiellen Grundlagen unseres Lebens, sie trägt auch wesentlich zu unserem Selbstbewusstsein und geistigem Wohlbefinden bei. Nicht umsonst bekommen viele Menschen massive psychische Probleme, wenn sie in eine längere Schleife der Arbeitslosigkeit geraten. Sie fühlen sich gedemütigt, in ihrer Menschenwürde eingeschränkt, nicht mehr als vollwertiges Mitglied der Gesellschaft.

Historisch gesehen ist diese Einstellung zur Arbeit allerdings eher jung. Im antiken Griechenland galt sie noch als unedel, und das wurde gerade von Philosophen ausdrücklich betont und vorgelebt. Man schenkte der Arbeit keine sonderliche Beachtung. Sokrates wäre vermutlich sogar bankrottgegangen, wenn seine Frau Xanthippe nicht seine Geschäfte betrieben hätte. Denn das Credo der antiken Philosophie lautete: Nur wer sich alltäglichen Mühen und Arbeitszwängen entzieht, hat Zeit, seinen Bedürfnissen zu frönen und den Kopf frei für neue Erkenntnisse und kreatives Handeln zu bekommen. Im damaligen China sah man das ähnlich. So sagte Kungfutse verächtlich: »Der Mensch ist von Geburt an gut, aber die Geschäfte machen ihn schlecht.« Man war sich also einig, dass Arbeit den Menschen nicht unbedingt adelt – und sofern sie nur des schnöden Mammons oder des Ruhmes wegen betrieben wird, ihn sogar moralisch diskreditiert.

Nun hatten freilich die antiken Griechen gut reden, weil ja die wirklich harten Arbeiten von Sklaven erledigt wurden, und auch im alten China gab es genug billige Arbeitskräfte, so dass man sich als Philosoph oder Staatsmann nicht die Hände schmutzig machen musste. Vor solch einem Hintergrund fällt es natürlich leichter, im Nicht-Arbeiten die höhere Seinsstufe zu erkennen.

Umso bemerkenswerter, dass auch die frühen Christen, die ja oft als Sklaven gehalten wurden, in der Arbeit keine verdienstvolle Leistung sahen, sondern eine verdiente Strafe für unsere Sünden: Der Mensch muss im Schweiße seines Angesichts arbeiten, seitdem er durch seine Schuld zur Arbeit verdammt ist. Dementsprechend ist die Arbeit ein hartes, verfluchtes Muss und damit wesentlich als

Not, Mühsal und Leiden bestimmt. Der biblische Mensch genießt nicht die »Früchte« seiner Arbeit, sondern er büßt mit ihr ab, dass er sich an den Früchten im Paradies vergriff.

Es sollte bis zum 16. Jahrhundert dauern, bis sich das Image der Arbeit endlich zum Besseren wendete. Der puritanische Vordenker Johannes Calvin sah in »gottgefälligen Tugenden« wie Fleiß, Sittlichkeit, wirtschaftlichem Erfolg und Sparsamkeit den Königsweg zu Gott. Spaß bereiten durfte freilich die Arbeit immer noch nicht, ihr wurde auch noch kein Potential auf dem Weg zu unserer Selbstverwirklichung beigemessen – aber immerhin musste man sich nicht mehr schämen, wenn man viel Geld verdiente.

Der deutsche Soziologe Max Weber (1864–1920) enttarnte später die Ideen Calvins und seiner Nachfolger als Vorbereiter des modernen Kapitalismus. Denn mit ihren Tugenden der »innerweltlichen Askese« – Geld und Eigentum anzuhäufen, ohne sie zu genießen – bilden sie gewissermaßen den Prototyp des modernen Managers. Wenn Sie also das nächste Mal bei einer Aktionärsversammlung die Spitzenmanager sehen und Sie sich wundern, wie fit, gesund und braun gebrannt diese Männer und Frauen sind, sollten Sie dabei an Calvin und seine

»innerweltliche Askese« denken. Wenn sich allerdings dieselben Leute in Luxuslimousinen und Privatjets zu Fünf-Sterne-Hotels chauffieren lassen, passt das wiederum so ganz und gar nicht zu Calvin.

Im 19. Jahrhundert, dem Zeitalter der Industrialisierung, wurde Arbeit zum großen Thema der Philosophie. Hegel, Marx, Engels und Max Stirner – zahlreiche prominente Denker, die sich mit dem Problem der Arbeit beschäftigten. Es war gleichsam der Zeitpunkt, als sich das Image der Arbeit ändern sollte: von der abstumpfenden Plackerei zur existentiellen Selbstverwirklichung des Menschen. Was allerdings mindestens genauso anstrengend und nervenaufreibend sein kann.

Es ehrt den Menschen nur die menschliche, die selbstbewußte Arbeit, nur die Arbeit, welche keine »egoistische« Absicht, sondern den Menschen zum Zwecke hat, und die Selbstoffenbarung des Menschen ist, so daß es heißen muß: laboro, ergo sum – ich arbeite, das heißt, Ich bin Mensch.

MAX STIRNER (1806–1856)

Der Mensch als »arbeitendes Tier«, das sich von den übrigen Lebewesen dadurch unterscheidet, dass es arbeitend die Welt und auch sich selbst gestaltet. Das ist die Idee, die hinter dem »Laboro, ergo sum« von Max Stirner steckt. Wobei dieser Satz keineswegs Stirners eigene Meinung wiedergibt. Der Berliner Philosoph ist da sogar ganz anderer Ansicht.

Er betrachtet nämlich die Idee, wonach sich der Mensch in erster Linie durch seine Arbeit vom Tier erhebt, als eines der typischen Hirngespinste, denen wir anhängen, ohne sie kritisch zu hinterfragen. »Laboro, ergo sum« – für Stirner steckt dahinter mindestens genauso viel Irrtum wie hinter dem allseits bekannten »Cogito, ergo sum« von Descartes. Denn der Mensch sei nicht dadurch Mensch, dass er arbeitet; und auch nicht dadurch Mensch, dass er denkt; sondern vielmehr dadurch, dass er sich jeden Tag selbst erschafft und genießt, wie ihm gerade zumute ist, und dazu die Menschen und Dinge seiner Umwelt benutzt. Das klingt schon ziemlich anarchistisch und egoistisch und ist auch nicht anders zu erwarten von einem Philosophen, dessen Hauptwerk »Der Einzige und sein Eigentum« heißt. Dennoch: Es lohnt sich, immer mal wieder »den philosophischen Blick« auf die Arbeit zu riskieren – und danach zu fragen, ob sie wirklich so wichtig ist, wie wir oft behaupten, und ob wir nicht auch noch etwas anderes sind als ein »arbeitendes Tier«.

*A*rbeit ist das Feuer der Gestaltung.

KARL MARX (1818–1883)

Kaum ein Philosoph ist so mit Vorurteilen belastet wie Karl Marx. Dabei wird gerne verschwiegen, dass er nicht nur ein »Umverteilungstheoretiker« war, sondern auch ein messerscharfer Analyst der modernen Arbeitswelt. Hier lautet seine zentrale These: Die moderne Arbeitswelt führt zur Entfremdung des Menschen von sich selbst. In dieser These ist Marx so aktuell wie nie. Doch wie kam er darauf?

Viele kennen wohl Marx' berühmten Satz:

»Es ist nicht das Bewusstsein der Menschen, das ihr Sein, sondern umgekehrt ihr gesellschaftliches Sein, das ihr Bewusstsein bestimmt.«

Das klingt logisch. Denn in China denkt man anders als im Iran und dort wieder anders als in England. Doch es bleibt eine Frage offen, nämlich: Wodurch bildet sich die menschliche Gesellschaft? Die

Antwort von Marx lautet: durch Arbeit. Die ideale menschliche Gesellschaft konstituiert sich daraus, dass in ihr Menschen für sich selbst arbeiten und sich in ihre Arbeit und auch ihre Produkte persönlich einbringen. Eine Gemeinschaft von unterschiedlichen Menschen, die sich durch unterschiedliche Arbeiten und Produkte in die Gemeinschaft einbringen. Doch gerade das wird, wie Marx entdeckt hat, vom Kapitalismus außer Kraft gesetzt.

Vorbei die Zeiten, als etwa ein Töpfer seine eigenen Teller und Becher herstellte und aus der von ihm geleisteten Arbeit seine eigene Existenz gewann. Der arbeitende Mensch des Kapitalismus ist ein entfremdeter Mensch. Entfremdet von seinem Produkt, das ihm nicht mehr selbst gehört, sondern dem Arbeitgeber, der darüber verfügt, wie es ihm beliebt. Und damit wird auch die Arbeit zu einer Ware, die schon nicht mehr Eigentum des Arbeitenden ist, wenn er damit beginnt. Sie ist damit nicht mehr etwas, in dem sich der Arbeitende als Schaffender äußert, sondern etwas, in dem er sich *veräußert*, weil es ihm nur noch zum Lebensunterhalt dient. Am Ende wird sein ganzes Leben, das ja in erster Linie ein arbeitendes Leben ist, degradiert zum bloßen Lebens-Mittel, das nur noch den Verlust der nackten Existenz abwehrt. Der Satz

»Laboro, ergo sum« hat im Kapitalismus nur noch insofern Bedeutung, als die Arbeit das blanke Überleben sichert, doch in dem Sinne, dass sie Ausdruck und Manifestation unserer eigenen Persönlichkeit ist, hat er ausgedient.

Damit jedoch ist der Entfremdungsprozess, so Marx, keineswegs abgeschlossen. Denn er führt weiter zur Entfremdung des Menschen vom Menschen. Erstens, weil es zwangsläufig zu Konflikten zwischen Arbeitern und Kapitalisten kommen muss, allein schon dadurch, dass der Kapitalist möglichst wenig von seinem Profit an den Arbeiter abgeben will. Zweitens kommt es aber auch insgesamt zu einer Krise in den zwischenmenschlichen Beziehungen, weil die ja nur noch durch Geld und Ware vermittelt werden. Der Mensch produziert Waren, und er kauft Waren, er ist beteiligt an ihrer Herstellung wie an ihrem Konsum. Was er jedoch jenseits von Herstellung und Konsum ist, verliert immer mehr an Bedeutung. Am Ende haben wir, so Marx, den »völligen Verlust des Menschen«; wir haben den Menschen als »entmenschlichtes Wesen« vor uns.

Es ist dieser existentielle Aspekt der Arbeit, der meistens vergessen wird, wenn von Karl Marx die Rede ist. Ob es nun sinnvoll und überhaupt möglich ist, den Kapitalismus aufzulösen, um der Entmenschlichung der Arbeit Einhalt zu gebieten, sei dahingestellt. Mit Marx wollen wir uns an dieser Stelle vielmehr die Frage stellen: Was bleibt von uns eigentlich noch übrig, wenn wir nicht an der Herstellung und dem Verzehr von Konsumgütern beteiligt sind? Sind wir noch ein Homo sapiens, oder haben wir uns bereits vollständig zum Homo konsumens degradiert?

HEISSSPORN IM DIENSTE DER ARBEIT

Karl Marx hatte einen Doktortitel in Philosophie – doch für eine akademische Karriere war er zu ungehobelt. Er begann seine berufliche Laufbahn vielmehr als Redakteur bei der *Rheinischen Zeitung* in Köln. Dem Kommunismus stand er zu dieser Zeit noch kritisch gegenüber, doch er war auch »unkommunistisch« noch rebellisch genug, um schon bald Ärger auf seiner Arbeitsstelle zu bekommen und auf der Straße stehen.

Er heiratete trotzdem, nämlich Jenny von Westphalen, und ging mit ihr nach Paris. Zusammen mit der Familie des Philosophen Arnold Ruge lebte man dort in einer »kommunistischen Gemeinschaft«, das Projekt scheiterte allerdings, weil die Charaktere zu unterschiedlich waren. Finanziell ging es immer mehr bergab, die steten Geldspritzen des treuen Freundes Friedrich Engels verhüteten kaum noch das Schlimmste. Jenny machte eine stattliche Erbschaft – doch bereits vier Monate später war der Geldsegen versiegt. Die Zuwendungen von Karls reichem Onkel sowie das Erbe der Mutter und eines verstorbenen Freundes ereilten dasselbe Schicksal. Karl und Jenny Marx waren Stümper im Umgang mit Geld: Je mehr hereinkam, desto mehr zerfloss in ihren Händen.

Es kam vor, dass der Philosoph in den vier Wänden bleiben musste, weil seine Kleidung beim Pfandhaus lag. Trotzdem kamen immer wieder Kinder, von denen nur wenige die ersten Jahre überlebten – und für die Bestattung der Toten fehlte das Geld. Und zu allem Überfluss ließ sich Marx mit der Haushälterin noch auf eine Affäre ein, die dem Hause weiteren Kindersegen bescherte.

Trotzdem entfaltete Marx eine enorme schriftstellerische Schaffenskraft. »Das Kapital«, sein Hauptwerk, avancierte zu den einflussreichsten Büchern der Weltgeschichte. Obwohl der Philosoph starb, bevor er das dreibändige Werk beendet hatte.

Als ihn sein Freund Engels auf dem Sterbebett nach letzten Worten fragt, sagt Marx, ganz der alte Heißsporn aus kampflustigen Zeiten:

»Geh raus, verschwinde! Letzte Worte sind etwas für Narren, die zu Lebzeiten nicht genug gesagt haben.«

Wenn man eine Arbeit mag, dann ist es keine Arbeit.
ANDERS JONAS ÅNGSTRÖM (1814–1874)

Es war keine angenehme Arbeit, die wir damals als Studenten absolvieren mussten. Die Fabrik stellte Aprikosen in Dosen her, und die mussten natürlich, abgepackt in schweren Kisten, von der Lagerhalle irgendwie zu den Lastwagen transportiert werden. Das geschah mit einem Förderband, doch um die Dosen von diesem Band auf einen Gitterwagen zu platzieren, der dann die Ware zu den Lastern brachte, brauchte man menschliche Arbeitskräfte. Billige Arbeitskräfte, so wie uns.

Am ersten Tag arbeitete ich mit einem Kommilitonen zusammen, der offensichtlich unzufrieden mit seinem Job war. Er redete fast nie. Und wenn, dann sagte er nur: »Was für ein Scheißjob.« Und um diesem Satz noch mehr Gewicht zu verleihen, schien er sich bewusst zu schonen. Jedenfalls hatte ich den Eindruck, dass er deutlich weniger Kisten wuchtete als ich, was natürlich meine Stimmung weiter verhagelte. Ich hatte das Gefühl, dass der Tag niemals enden würde. Als ich am Abend, mit schmerzenden Gliedern und verbogenem Rücken, ins Bett ging, schwor ich: »Wenn der nächste Tag auch so wird, schmeiß ich den Job hin.«

Am nächsten Tag war die Arbeit immer noch die gleiche. Doch es stand ein anderer Mann mit mir am Band. Er war mindestens fünfzig Jahre, doch es war beeindruckend, mit welcher Gelassenheit und mit welch federndem Rhythmus er die Kisten hochwuchtete. Es war, als beobachtete man einen Sportler beim Training. Darüber hinaus war er ein spannender Erzähler. Ob seine Geschichten stimmten, war egal. Der Mann machte jedenfalls gute Stimmung, und unsere Arbeitszeit ging zügig vorüber. Als ich am Abend ins Bett ging, stellte ich zu meinem Erstaunen fest, dass mir nichts mehr wehtat.

Offenbar hatten die beiden so unterschiedlichen Männer miteinander eine Wechselschicht vereinbart. Jedenfalls musste ich den einen Tag mit dem jungen Griesgram und den anderen mit dem alten Anekdotenerzähler zusammen arbeiten. Einmal ging der Tag schnell, das andere Mal langsam vorüber. Ich wusste natürlich, dass dies nichts mit der Zeit an sich, sondern mit meinem Gefühl für sie zu tun hatte. Wie sagte schon Plinius: »Jede Zeit ist umso kürzer, je glücklicher man ist.« Doch noch in etwas anderem hatte ich mich getäuscht. An einem der Griesgram-Tage zählte ich mal, auch um die Zeit abzukürzen, die Kisten, die der Kollege wuchtete. Zu meinem Erstaunen war er gar nicht fauler als ich! Es gab also objektiv keinen Grund, mir von ihm die Stimmung verhageln zu lassen. Das machte es mir fortan auch an den Griesgram-Tagen leichter, den Tag durchzustehen.

Die Geschichte soll natürlich nicht dazu dienen, das stumpfe Kistenwuchten als etwas darzustellen, das eigentlich gar nicht so schlimm ist, wenn man es nur mit der richtigen Einstellung betreibt. Denn so ein Job geht auf die Knochen. Wer ihn ein Leben lang machen muss, ist irgendwann am Ende, gleichgültig, mit welchem Elan er die Sache angeht. Trotzdem spielt die Einstellung zu unserer Arbeit eine wesentliche Rolle bei der Frage, ob uns ein Job die Zeit kurz oder aber unerträglich lang werden lässt. Es gibt zweifelsohne schlimme Jobs, doch die werden nur noch schlimmer, wenn ich nichts Gutes an ihnen finden kann. Und noch etwas nahm ich als

Lehre aus dem Kistenjob mit: Wer mit seiner Arbeit unzufrieden ist, entwickelt auch ziemlich schnell Neid und andere negative Gefühle gegenüber seinen Mitmenschen. Dieses Phänomen sollten Sie im Hinterkopf haben, wenn Sie sich gerade mal wieder über einen Kollegen aufregen.

Der Mensch soll arbeiten; aber nicht wie ein Lasttier, das unter seiner Bürde in den Schlaf sinkt und nach der notdürftigsten Erholung der erschöpften Kraft zum Tragen derselben Bürde wieder aufgestört wird. Er soll angstlos mit Lust und mit Freudigkeit arbeiten und die Zeit übrig behalten, seinen Geist und sein Auge zum Himmel zu erheben, zu dessen Anblick er gebildet ist.

JOHANN GOTTLIEB FICHTE (1762–1814)

Die Organisationspsychologin Amy Wrzesniewski von der Universität New York beschäftigt sich schon seit Anfang der neunziger Jahre mit den Motiven, die einen Menschen zum Arbeiten bringen. Laut ihren Erkenntnissen kann man die Arbeitenden in diese Kategorien einteilen:

• Die »Money-Maker« betrachten ihren Job in erster Linie als Mittel zum Gelderwerb. Die Arbeit selbst interessiert sie nur wenig, sie suchen darin weder Freude noch Erfüllung. Da ihr hauptsächliches Augenmerk der Höhe des Gehaltes gilt, geben sie den Job schnell auf und nehmen einen anderen an, sofern sie mit besserer Bezahlung rechnen dürfen.

• Die »Karrieristen« betrachten die Arbeit als Möglichkeit, in der sozialen Hierarchie nach oben zu kommen. Sie denken vor allem ans Weiterkommen, das Geld ist ihnen weniger wichtig als Prestige und Macht, die mit Titeln und höheren Positionen einhergehen. Die Karrieristen arbeiten ziemlich engagiert, doch sofern sie keine Aufstiegsmöglichkeiten mehr sehen, suchen sie sich einen neuen Job – oder aber, sie kündigen innerlich.

• Die »Berufenen« verrichten ihre Arbeit um der Arbeit willen. Zwischen ihrem Job und anderen Bereichen ihres Lebens besteht häufig keine wirkliche Trennung. Sie arbeiten selbst dann noch in ihrem Job, wenn die Bezahlung eigentlich eher unterdurchschnittlich ist. Die Arbeit macht ihnen einfach Spaß, sie gehört zu ihrem Wesen.

Seien Sie ehrlich: Zu welchem der drei Typen gehören Sie? Sicherlich werden Sie bemerkt haben, dass sich die letzte Variante am positivsten anhört. Denn wie heißt es so schön beim französischen Moralisten Jean de La Bruyère: »Wer die Arbeit liebt, hat an sich selbst genug.« Andererseits sollte man kritisch genug sein, auch die Berufung nicht als alleinigen Königsweg zum Glück in der Arbeit zu sehen. So gibt es gerade in den sozialen Arbeitsbereichen recht viele Berufene, die für wenig Geld viel leisten und diese Leistungen sogar noch in den Dienst anderer Menschen stellen. Allerdings gibt es auch in diesen Berufszweigen die meisten »Burn-Outs«. Die Gründe dafür sind vielfältig.

Erstens: Wer sich zu etwas berufen fühlt, macht oft mehr, als ihm körperlich und psychisch guttut. Nicht umsonst findet man unter den sozialen Berufen besonders viele psychosomatische Erkrankungen wie Tinnitus und Kopfschmerzen. Zweitens: Der Berufene steckt sich hohe Ziele – so hoch, dass sie oft nicht erreicht werden und dadurch am Ende zu Frustrationen führen. Nicht wenige Berufene, die in ihren Ansprüchen an sich und ihren Beruf gescheitert sind, enden als unerträgliche Zyniker. Und drittens: Der Berufene glaubt oft, dass seine Arbeit und damit auch er selbst unentbehrlich und von größter Wichtigkeit ist. Unter den Berufenen findet man zwar viel Leidenschaft, doch oft gipfelt diese Leidenschaft auch in Fanatismus, der keine Widersprüche duldet – und der keine Grenzen mehr kennt. Laut psychologischen Untersuchungen ist mittlerweile jedem Dritten die Arbeit so wichtig, dass er die Verhaltensmerkmale eines Süchtigen annimmt – und sich ohne Arbeit regelrecht auf Entzug fühlt. Der Arbeitssüchtige fällt nur weniger auf als etwa ein Spiel- oder Drogensüchtiger, weil ja die zentralen Merkmale seiner Krankheit, dass er sich nämlich für seinen Job opfert, in unserer Leistungsgesellschaft durchaus erwünscht sind.

Seien Sie also vorsichtig mit solchen Sätzen wie »Für meinen Job tu ich alles« oder »Die Arbeit ist mir das Wichtigste«. Es reicht, wenn Ihnen Ihre Arbeit nicht mehr und nicht weniger Spaß macht als die übrigen Dinge Ihres Lebens.

Wer auf der Erde ohne Bestimmung lebt, gleicht einem Schiff auf dem trockenen Land.
GOTTHOLD EPHRAIM LESSING (1729–1781)

Der Beruf muss auch Berufung sein, damit er Spaß macht. Doch woran erkennt man, dass man ihn möglicherweise verfehlt hat? Beispielsweise an den Träumen. Stets wiederkehrende Traummuster, vor allem das Laufen auf der Stelle und der Fall ins Bodenlose, sind ein deutlicher Hinweis darauf, dass im Leben etwas nicht stimmt, dass man weit weg von seiner eigentlichen Bestimmung ist. Das Unbewusste sendet auf diese Weise Signale, die zu einer Änderung oder sogar zu einer Kehrtwende überreden wollen.

Weitere Hinweise sind zunehmende Langeweile, Streitereien und Phantasien, in denen Sie es den anderen »mal so richtig zeigen wollen«. Außerdem mehren sich die »Zeichen«. Wie etwa: Sie hören eine Unterhaltung am Nebentisch und denken »Hoppla, die reden doch von mir!«. Oder: Bestimmte Redensarten (wie etwa »Wer zu spät kommt, den bestraft das Leben«) oder alberne Schlagerteste (wie etwa »Siebzehn Jahr, blondes Haar«) gehen Ihnen einfach nicht aus dem Kopf. Auch dies sind Hinweise darauf, dass man sich von seiner Berufung entfernt hat. Denn unsere Aufmerksamkeit und der Lauf unserer Gedanken werden wesentlich von unserem Unbewussten geprägt. Oder anders ausgedrückt: Wir hören und sehen, was unsere

»geistige Basis« hören und sehen *will*. Und dort spüren wir, ob wir zufrieden oder unzufrieden sind. Wenn Sie also, was Ihnen früher egal war, plötzlich den Wirtschaftsteil in Ihrer Zeitung lesen oder im Fernsehen Sendungen über Auswanderer angucken, kann dies ein Zeichen dafür sein, dass es Sie in Ihrem Innern zu einem Jobwechsel drängt oder sogar danach, beruflich *und* privat neu anzufangen.

Die Natur gefällt sich darin, viele Talente zu entwerfen und nur wenige auszuführen.

MARQUIS DE VAUVENARGUES (1715–1747)

Woran erkennt man seine Berufung? Das, was Ihnen bei der Ausführung keinerlei Mühen macht, gehört sicherlich zu den Dingen, für die Sie Talent besitzen. Und das ist ein deutlicher Hinweis darauf, dass dort auch Ihre Berufung stecken könnte. Doch Vorsicht! Talent und Berufung können sich zwar überschneiden, doch sie sind nicht dasselbe. Bevor Sie sich entschließen, Ihr Talent zum Beruf zu machen, sollten Sie erst einmal ausprobieren oder sich zumindest vorstellen, ob die Sache Ihnen auch dann noch Spaß macht, wenn sie jeden

Tag für mehrere Wochen auf Ihrem Programm steht.

Ein weiterer Hinweis auf unsere Berufung sind Zufälle, die gar keine sind. Wie etwa das Buch, das wir – eigentlich ziellos – aus dem Bücherregal fischen und das wie die Faust aufs Auge zu dem passt, was wir eigentlich wollen. Oder wir denken an einen alten Arbeitskollegen von früher, und im nächsten Moment ruft er uns an. Der Psychoanalytiker Carl Gustav Jung hat das unvermutete und erklärliche Zusammentreffen von genau passenden, schicksalhaften Ereignissen als »Synchronizitäten« bezeichnet. Sie bilden wichtige Bojen auf unwirtlicher See, die unserer unzufriedenen Seele den Weg zu glücklicheren Gefilden zeigen wollen. Solche Zufälle, die eigentlich keine sind, begegnen uns recht häufig, doch meistens nehmen wir sie gar nicht wahr. Man kann jedoch die Wahrnehmung für sie schulen, indem man sich öfter mal den Luxus eines meditativen Innehaltens gönnt.

Erholung ist das Salz der Arbeit.

PLUTARCH (46–120)

Es lohnt sich, für das Verständnis dieses Satzes den Begriff »Salz« näher zu analysieren. So steht er zunächst einmal für Würze: Ohne Salz ist alles fad und leer. Darüber hinaus ist es aber nicht nur schmackhaft, sondern auch überlebensnotwendig: Ohne Salz würde es kein Leben geben, das wusste man auch schon zu Zeiten Plutarchs.

Ohne Phasen der Erholung wäre also die Arbeit nicht nur öde, sie wäre sogar schlechterdings unmöglich. Der beste Lehrmeister für Ihre Zeiteinteilung ist Ihr Herz. Denn während der drei Phasen eines Pulsschlags arbeitet es ein Drittel der Zeit, die übrigen zwei Drittel ist es in Ruhe. Diese Taktik kann so falsch nicht sein, denn sofern wir die Finger von Zigaretten sowie von übermäßigem Essen und Trinken lassen, verrichtet der große Pumpmuskel seine Arbeit ohne Murren und Knurren, ein ganzes Menschenleben lang.

Folgen wir nun den Richtlinien unseres Herzens, müssten wir unseren Vierundzwanzig-Stunden-Tag in drei Phasen einteilen: Acht Stunden für die Arbeit, acht Stunden für den Schlaf und acht Stunden für Maßnahmen, die unsere Kräfte regenerieren. Das klingt nicht unbedingt revolutionär, sondern eher trivial. Dennoch haben viele von uns große Probleme damit. So beklagen Wissenschaftler, dass nur die wenigsten von uns es schaffen, acht Stunden pro Nacht zu schlafen. Die meisten gehen zu spät ins Bett, wachen in der Nacht zu oft auf und haben am Morgen große Probleme, überhaupt aus den Federn zu kommen.

Mit den acht Stunden Entspannung jenseits des Schlafes sieht es in der Regel erst recht düster aus. Denn wer drei Stunden vor der Glotze sitzt, entspannt nicht, sondern sorgt dafür, dass seine Stresshormone kursieren. Wie überhaupt Entspannung nichts mit Untätigkeit zu tun hat, aber auch nicht mit hektischer Aktivität, wie man sie in Fitness-Centern oder auf Volksläufen erlebt.

Bleibt die Frage, was letzten Endes Entspannung ist. Das kann man nicht pauschal beantworten, denn auch wenn das Lesen eines Buches für den einen entspannend ist, kann es für den anderen bloß eine Tortur sein. Ähnliches gilt für die Musik. Es gibt Menschen, die finden Mozart entspannend, andere finden ihn einfach nur unerträglich. Von zentraler Bedeutung ist vielmehr, *wie* sie an die Sache herangehen, die entspannend für sie sein soll. Wer sich in ihr betäuben will, ist auf dem Holzweg, denn es gibt kein Betäubungsmittel, das ohne Nebenwirkungen wäre – egal, ob es Alkohol, Geselligkeit, Video, Disko, Gameboy oder Playstation heißt. Entspannung heißt vielmehr, dass der Geist arbeitet, konzentriert, aber nicht angestrengt. Wie ein unaufgeregt murmelnder Fluss, der sich unaufhaltsam immer weiter vorwärts bewegt und in seiner Beharrlichkeit sogar große Steine mit sich ziehen kann. Ein Fluss, der einfach nur vorwärts fließt, ohne Angst davor, sich am Ende möglicherweise in einem größeren Fluss oder aber sogar in der See zu verlieren. Sie merken bereits, worauf es bei diesem Gleichnis ankommt: auf das Fließen im Großen, im Gegensatz zum Verzetteln im Kleinen. Der Buddhismus spricht in diesem Zusammenhang davon, dass wir den »Heuschreckengeist« in uns besänftigen, jenen Geist also, der uns gedanklich von einem Punkt zum nächsten springen und dadurch nicht zur Ruhe finden lässt. Manchen Menschen gelingt diese Bändigung bei Musik und Meditation, anderen reicht der Spaziergang oder das schöne Buch, es soll sogar welche geben, denen dazu die bloße Anwesenheit ihrer Familie reicht ... Was allein zählt, ist, dass Sie in dem Moment ganz für sich und Ihre aktuelle Tätigkeit da sind.

Es gibt für alles im Leben einen richtigen Rhythmus. Selbst das Immaterielle hat einen solchen Rhythmus. Im rechten Rhythmus kann der Gefolgsmann zum Wohle seines Herren wirken, im falschen Rhythmus jedoch seinem Fürsten schaden. Ob ein Kaufmann Geld gewinnt oder verliert, ist ebenfalls eines Sache des Rhythmus. Jeder Bereich hat seinen eigenen Rhythmus. Es ist wichtig, diesen daraufhin richtig einzuschätzen, ob er zum eigenen Wohlergehen oder Untergang beiträgt.

Miyamato Musashi (1584–1645)

Dieses Zitat stammt aus der Feder eines japanischen Samurai, bei näherer Betrachtung lässt sich jedoch seine Forderung nach dem richtigen Takt auch auf andere Bereiche ausdehnen.

So berichten Spitzensportler immer wieder, dass sie nicht in den richtigen Rhythmus finden und dadurch nicht ihre volle Leistung abrufen konnten. Auch von Börsenhändlern ist zu hören, dass es beim Kaufen und Abstoßen von Aktien auf das richtige Timing, das richtige Gefühl für den »Rhythmus der Märkte« ankommt. Das Problem dabei: Jeder Tätigkeitsbereich und auch jeder Mensch hat seinen eigenen optimalen Rhythmus, man kann ihn im klassischen Sinne nicht lernen. Was man jedoch kann: die

Aufmerksamkeit schulen, sich voll in seiner Tätigkeit aufgehen lassen, ohne an das zu denken, was möglicherweise an Gutem oder Schlechtem dabei herauskommt. Nur auf diese Weise hat man eine Chance, das Gefühl für den eigenen Rhythmus zu entwickeln. Das heißt, man darf bei dem, was man tut, auch nicht an den Rhythmus denken. Denn sofern man das tut, hat man ihn verloren.

Habt ihr Acht gegeben, was für Menschen am meisten Wert auf strengste Gewissenhaftigkeit legen? Die, welche sich vieler erbärmlicher Empfindungen bewußt sind, ängstlich von sich und an sich denken und Angst vor anderen haben, die ihr Inneres so sehr wie möglich verbergen wollen, – sie suchen sich selber zu imponieren, durch jene Strenge der Gewissenhaftigkeit und Härte der Pflicht, vermöge des strengen und harten Eindrucks, den andre von ihnen dadurch bekommen müssen (namentlich Untergebene). FRIEDRICH NIETZSCHE (1844–1900)

Viele Menschen wollen alles hundertprozentig machen, dulden keine Schwächen, weder an sich noch an anderen. Mit ihnen ist bekanntlich nur schwer auszukommen – und sie sind ineffektiv. Denn Perfektion ist, wie es der amerikanische Psychologe Clayton Lafferty erklärt, »eine Illusion, der Wunsch, einen guten Eindruck zu machen«. Weil das Selbstwertgefühl von Perfektionisten mit einer fehlerlosen Leistung verknüpft ist, vergeuden sie oft viel Zeit mit nebensächlichen Details und widmen Projekten mehr Zeit und Energie, als sie eigentlich nötig hätten. Und sie machen mehr Fehler. In einer amerikanischen Studie zeigte sich beispielsweise, dass perfektionistische Piloten häufiger Fehler verursachen als ihre weniger anspruchsvollen Kollegen.

Fazit: Versuchen Sie gar nicht erst, perfekt zu sein. Denn erstens klappt's ohnehin nicht, zweitens verschwenden Sie damit Zeit und Energie, und drittens werden Perfektionisten von ihren Mitmenschen als unerträglich empfunden. Versuchen Sie nur, so gut zu sein, wie es Ihnen konzentriert und gleichzeitig locker von der Hand geht. Das ist mehr als genug.

Ordnung führt zu allen Tugenden. Aber was führt zur Ordnung?

GEORG CHRISTOPH LICHTENBERG (1742–1799)

Der deutsche Philosoph und Aphoristiker bringt mit seiner Frage ein Kardinalproblem auf den Punkt: dass Ordnung nämlich erst dann eintreten kann, wenn ihre Bedingungen erfüllt sind – und diese Bedingungen liegen vor allem in uns selbst.

Wer also glaubt, dass in seinem Hirn Ordnung einkehren wird, wenn er erst einmal Ordnung auf seinem Schreibtisch geschaffen hat, ist auf dem Holzweg. Es ist nämlich genau andersherum: Erst muss die Ordnung in uns sein, dann wird sie auch auf dem Schreibtisch einkehren. Wer dort einfach nur so aufräumt, weil er Platz schaffen will, stößt schon bald auf das Problem, dass er sich entscheiden muss, wo was hinkommt und was möglicherweise sogar in den Papierkorb kann. Das sollte er vorher schon geklärt haben. Denn kaum etwas kostet mehr Zeit und Energie als eine Aufräum-Aktion, die ins Blaue geht.

7.

WIEDER AUFSTEHEN:

—

So werden Sie Ihr eigener Krisen-Manager

Schlechte Noten schreiben, beim Sportunterricht der Langsamste sein, keine Lehrstelle bekommen, das Examen vermasseln, beim Referat zu stottern anfangen, die Ehe in den Sand setzen – kaum etwas ist bunter als die Facetten des Scheiterns. Niederlagen begleiten uns von frühester Kindheit an: Ziele stellen sich als unerreichbar heraus, Träume zerplatzen, Pläne müssen als unrealisierbar zu den Akten gelegt werden. Eigentlich ganz normal, und doch fällt uns der Umgang mit dem Scheitern oft unendlich schwer – gerade in einer Gesellschaft, in der die Leistung als Wert ganz weit oben steht. »Bei uns gilt es«, so erklärt es der deutsche Soziologe Martin Doehlmann, »Erfolge zu haben und unüberhörbar zu feiern, Karriere zu machen, Durchbrüche und Siege zu erringen. Über Karriereknicks aber, Statusverlust oder Erfolgseinbußen legt sich oft ein Schweigen.«

Es ist daher schwerer denn je, sich mit Niederlagen zu arrangieren. Doch wie soll man mit ihnen umgehen? Sie ignorieren oder jemand anders zuschieben, damit sie weniger schmerzen? Über sie wehklagen und jammern, damit man ein Ventil für den Frust schafft? Oder offen und brutal zu ihnen stehen, damit man aus ihnen lernt?

Die Denker der Philosophiegeschichte haben sich dazu auch ihre Gedanken gemacht. Man fragt sich, warum sie das getan haben. Etwa, weil ihr eigenes Leben oft mit Niederlagen gepflastert war? Möglich wäre es, denn die meisten Philosophen waren nicht gerade auf Rosen gebettet. Aber es gibt noch eine andere Erklärung: dass nämlich Niederlagen auch eine gewisse Freiheit und einen Start ins Neue bedeuten – und das steht im Wertekanon der Philosophen traditionell ganz oben. Eine Niederlage schützt davor, die Aktion, die zu ihr geführt hat, immer wieder zu wiederholen: Man muss sich dann etwas Neues einfallen lassen. Oder aber man macht gar nichts mehr, weil man nicht noch weitere Niederlagen erleben will. In jedem Falle wird das Alte aufgebrochen, um etwas Neuem – auch wenn es das Nichts ist – Platz zu machen. Schon Sokrates nervte seine griechischen Mitbürger mit seinen Fragen nach Tugend und Wahrheit, weil er sie aus ihrem gewohnten Denktrott herausreißen wollte. Die meisten Philosophen lieben so etwas, sie gefallen sich in der Rolle des erstaunlichen Zweiflers und Unruhestifters, des aufbrechenden Impulsgebers und Innovators – und die Niederlage vermag Ähnliches auszurichten. Vielleicht verbirgt sich dahinter die Liebe der Philosophie für das Scheitern und die Scheiternden.

Es ist falsch, wenn man sagt, der Erfolg verderbe den Menschen. Die meisten Menschen werden durch den Misserfolg verdorben.

KARL POPPER (1902–1994)

Erfolgreiche Menschen müssen sich immer wieder den Vorwurf anhören, dass sie seit ihrem Erfolg nicht mehr dieselben wären wie vorher und sich zum Nachteil verändert hätten. Die Wahrheit sieht jedoch meistens anders aus. Denn Erfolge, vor allem natürlich selbst erarbeitete Erfolge, stärken das Selbstbewusstsein und stabilisieren die Stimmungslage, so dass eine Veränderung zum Nachteil eher selten sein sollte. Warum sollte sich jemand, der zufrieden auf sein Leben und anderen Menschen offen in die Augen blicken kann, charakterlich ins Abseits stellen?

Umgekehrt besitzt der Misserfolg viel bessere Voraussetzungen, um den Charakter eines Menschen zu verderben. Denn nur die wenigsten Menschen können mit ihm umgehen, sie neigen eher dazu, ihn zu verdrängen, schönzureden oder jemand anders die Verantwortung für ihn in die Schuhe zu schieben. Sind das etwa Charaktereigenschaften, die einem Menschen gut stehen und gesellschaftlich akzeptiert werden?

Außerdem lohnt sich ein Blick auf die Reihen, aus denen die Vorwürfe kommen, wonach Erfolge den Menschen zum Nachteil verändern. Sie stammen nämlich in der Regel von denjenigen, die der Erfolgreiche auf seinem Weg hinter sich gelassen hat, die auf der Erfolgsleiter nicht so weit vorangekommen oder sogar komplett gescheitert sind. Ihre Vorwürfe werden also vom Neid getragen und sind daher nicht unbedingt ernst, dafür aber als weiteren Hinweis darauf zu nehmen, dass Misserfolg die Menschen eher verdirbt als der Erfolg.

Für die Charakterbildung ist deshalb der Erfolg zweifelsohne besser. Doch es kommt natürlich immer wieder zu Misserfolgen, das Leben ist kein Durchmarsch zum absoluten Glück. Und da kann sich dann der Mensch beweisen, indem er zeigt, dass er mit dem Scheitern adäquat umgehen kann. Der Erfolg festigt den Charakter, und der Misserfolg überprüft, wie fest er tatsächlich ist.

M*an ist nie so glücklich noch so unglücklich, wie man es sich einbildet.*

FRANÇOIS DE LA ROCHEFOUCAULD (1613–1680)

Die Menschen unterscheiden sich nicht sonderlich darin, was ihnen an Glück oder Unglück widerfährt, wohl aber darin, wie sie darauf reagieren. Laut einer US-Studie gibt es im wirklichen Leben weder die »Pechmarie« noch den »Hans im Glück«. »Wenn eine Person viele negative Erfahrungen macht«, erklärt Studienleiter Ed Diener von der University of Illinois, »dann hat sie mit großer Wahrscheinlichkeit gleichzeitig auch positive Erlebnisse und umgekehrt.« Gleichgültig, ob wir es mit jemandem zu tun haben, der in einer Automobilfirma Herr über tausend Angestellte ist, oder mit einem Bettler, beide erfahren Glück und Unglück in etwa gleichem Verhältnis. Möglich, dass Qualität und Quantität ihrer Erlebnisse und Handlungen unterschiedlich sind, doch der relative Quotient von Glück und Pech fällt bei ihnen ähnlich aus.

Natürlich: Es mag menschliche Schicksale geben, in denen sich eine aberwitzige Häufung von Unglücksfällen findet. Doch das ist die Ausnahme. Denn bei näherer Überprüfung der Unglücksgeschichten, wie sie in Kneipen, Kantinen, Cafés und Selbsthilfegruppen ausgebreitet werden, erweist sich vieles davon als Übertreibung oder sogar als blankes Märchen. Tatsache ist vielmehr, dass es Menschen gibt, die aktiv sind, ein hohes Risiko eingehen und viel tun. Ihnen passiert allein aufgrund ihrer größeren Handlungssumme mehr Positives, aber auch mehr Negatives im Leben als jenen, die passiv sind, ein geringes Risiko eingehen und wenig tun. In ihrem Verhältnis von Glück und Unglück unterscheiden sich die Lebensläufe von Aktiv- und Passivmenschen jedoch nicht sonderlich voneinander. Es besteht also auch da kein Grund für die eitle Annahme, vom Schicksal in besonders hartem Maße getroffen zu sein. Wer über sein Schicksal hadert, weil ihm angeblich so viel Pech passiert, handelt nicht nur unfair, er betrügt sich auch selbst.

Wir lächeln über das Kind, das den Stuhl schlägt,
an dem es sich gestoßen hat, und klagen doch mit einer
völlig ähnlichen Philosophie im Alter das Schicksal
gegen Leiden an, woran wir selbst Schuld haben.

GEORG CHRISTOPH LICHTENBERG (1742–1799)

Scheitern kann vielfältig sein, doch die Schuld dafür geben wir meistens nicht uns, sondern anderen Menschen oder den berüchtigten »äußeren Umständen«. Dabei wäre es im konstruktiven Umgang mit Niederlagen von zentraler Bedeutung, dass wir für unser Scheitern vor allem uns selbst zur Verantwortung ziehen. Denn das Abschieben der Schuld enthebt uns davon, an uns zu arbeiten und jene Fehler abzustellen, die vermutlich zu unserem Scheitern geführt haben. Der Satz »Scheitern macht gescheit« gilt nur für den, der sich eingesteht, dass er gescheitert ist. Wer hingegen die Schuld dafür jemand anders zuschiebt, bleibt dumm – und wird höchstwahrscheinlich schon bald wieder eine Niederlage erleben.

Die aktuelle Krise der Ehe in unserer Gesellschaft gibt dafür ein gutes Beispiel. Die Beteiligten zeigen sich hier nach wie vor darum bemüht, die Schuld für das Scheitern ihrer Beziehung dem anderen zuzuschanzen. Mit der Folge, dass sie selbst die gleichen

Fehler, die sie in dieser Ehe gemacht haben, in der nächsten Ehe wiederholen. Nicht umsonst ist die Scheidungsquote bei Zweit-Ehen erheblich höher als bei Erst-Ehen. Weil die Beteiligten die Schuld auf ihren Ex-Partner gewälzt haben, anstatt ihre eigenen Fehler abzustellen.

Ähnliche Muster finden sich auch in anderen Bereichen des täglichen Lebens. Beispielsweise, wenn jemand einen wichtigen Termin wie etwa den Geburtstag seiner Mutter vergessen hat und sich später mit »zu viel Stress« herausredet. Diese Ausrede hat allenfalls den Vorteil, dass sie niemanden persönlich zur Rechenschaft zieht. Ansonsten signalisiert sie dem Geburtstagskind überdeutlich, dass es Wichtigeres gibt als seinen Geburtstag und es von daher gar nicht erst auf die Idee kommen sollte, beleidigt zu sein. Besser und vor allem besser verträglich wäre das ehrliche Eingeständnis gewesen: »Ich hab deinen Geburtstag vergessen. Es tut mir leid.«

Alles schönzureden ist manchmal schön, aber meistens auch schön dumm.
ERNST FERSTL (1952)

Um von Niederlagen profitieren zu können, muss man sie zunächst ohne Wenn und Aber akzeptieren. Wer an einer längst gescheiterten Ehe festhält, wer sein Kind trotz dessen fehlenden Talents zum Eiskunstlauftraining zwingt, wer nicht wahrhaben will, dass er seine beruflichen Ambitionen nach unten schrauben muss, bringt sich um die Chance, den Gewinn im Verlust zu entdecken. Positive Illusionen mögen in manchen Situationen fruchtbar sein (»Ihr könnt den Tabellenspitzenreiter schlagen, wenn ihr als Mannschaft auftretet«), im Falle einer Niederlage sind sie es nicht. Wer glaubt, dass sein Arbeitsplatz nicht gefährdet ist, obwohl um ihn herum bereits der Stellenabbau tobt, wer glaubt, dass seine Aktien wieder steigen werden, obwohl die dazu gehörende Firma keinerlei Perspektiven mehr hat, oder wer an einer Beziehung festhält, obwohl der Partner sich bereits abgewendet hat, der fällt nur umso tiefer, wenn dann aus der unmittelbaren Bedrohung endgültig eine Tatsache geworden ist.

Der altrömische Philosoph Lucius Seneca empfahl sogar, sich in Anbetracht drohender Rückschläge oder Katastrophen deren Eintreten ausdrücklich vorzustellen, am besten in der schlimmsten aller vorstellbaren Varianten, um für ihren tatsächlichen Eintritt gewappnet zu sein. Etwa so wie ein Kneippgänger per Storchengang durchs eiskalte Wasser stapft, um sein Immunsystem für die nasskalte Jahreszeit zu präparieren:

»Wenn du aller Bekümmernis ledig werden willst, so stelle dir vor, dass alles, dessen Eintreten du befürchtest, auch unbedingt eintreten wird.«

Ein Empfehlung, die man in der heutigen Zeit des »positiven Denkens« nicht so gerne hört. Doch Seneca setzte darauf, dass wir bei vernünftiger Betrachtung dessen, was geschieht, wenn unsere Hoffnungen sich nicht erfüllen, mit ziemlicher Sicherheit feststellen werden, dass die damit verbundenen Probleme kleiner sind als die von ihnen erzeugten Ängste. Der Philosoph riet daher Freunden, die um ihren Reichtum fürchteten, ein paar Tage in einem zügigen Raum bei Brot und Suppe zu verbringen. In heutiger Zeit würde er vermutlich einem Manager mit Ängsten um seinen Job raten, sein dickes Auto in der Garage stehen zu lassen, die Kreditkarte aus dem Portemonnaie zu nehmen und regelmäßig zu Hause zu essen anstatt beim teuren »Italiener«.

Wem diese Vorschläge des Seneca zu abstrus erscheinen, dem sei gesagt, dass sich gegenüber dem positiven Denken mit seinen Durchhalteparolen (»Ich kann alles schaffen, wenn ich nur will«) unter seriösen Psychologen immer mehr Skepsis breitmacht. Denn in die Praxen der Psychotherapeuten kommen mittlerweile zahlreiche Menschen, die mit Dauerlächeln und »Hier-komme-ich«-Einstellung gestartet sind, um dann – oft nach einer Kaskade unbewältigter Niederlagen – als depressive Zyniker zu enden. Fazit: Es ist sicherlich falsch, wenn man eine Niederlage als Gesamtdesaster für sein komplettes Leben hochdramatisiert (»Davon werde ich mich nie wieder erholen«), aber es ist mindestens genauso falsch, sie nicht akzeptieren zu wollen (»Den Begriff Niederlage gibt es in meinem Wortschatz nicht, man kann aus jeder Situation etwas Positives ziehen«). Es geht ja nicht darum, sich selbst als Alleinschuldigen für die Niederlage in die Pflicht zu nehmen, denn das ist genauso falsch, als wenn man die Schuld nur auf andere abwälzt. Wichtig ist vielmehr, dass man die Niederlage als solche akzeptiert, und nicht schönzureden oder zu vertuschen sucht.

Ruhm liegt nicht darin, niemals zu fallen, sondern jedes Mal wieder aufzustehen, wenn wir gefallen sind.
KUNGFUTSE (ETWA 551–479 V. CHR.)

Um eine Niederlage konstruktiv verarbeiten zu können, muss man die Bindung an das gescheiterte Projekt oder das unerreichbare Ziel lösen und nach einer Alternative suchen. Ansonsten nehmen wir uns die Chance, uns aus dem, wie es die Gestalttherapie ausdrückt, »kognitiven Gefängnis der Vergangenheit« zu befreien. Dieses Gefängnis droht nämlich jedem, der seine Niederlagen ausweitet und sich in Analysen und Schuldzuweisungen ergeht, anstatt einen Haken unter das vergangene Missgeschick zu machen und sich neu zu orientieren. Bedenken Sie: Fragen wie »Wer hat mir das eingebrockt?«, »Was habe ich damals falsch gemacht?« oder »Was wäre passiert, wenn ich damals anders reagiert hätte?« können wohl letzten Endes nicht beantwortet werden. Viel interessanter und fruchtbarer ist da schon die Antwort auf die Frage: »Was kann ich jetzt Neues tun?«

Die amerikanischen Psychologen Charles Carver und Michael Scheier haben sich näher mit der Bedeutung des Loslassen-Könnens nach Misserfolgserlebnissen beschäftigt. In ihren Studien haben sie viele Menschen getroffen, denen es nicht gelungen ist, sich von verpatzten Projekten zu lösen: Sie kramten unablässig in der Vergangenheit herum, unfähig, sich zu etwas Neuem aufzuschwingen. Die beiden Forscher fanden aber auch viele Menschen, denen wohl die Loslösung gelungen war, die aber keine Alternative, kein neues Projekt finden konnten – als wenn ihnen der Misserfolg aus der Vergangenheit das Rückgrat für die Zukunft genommen hätte. Beide Alternativen enden freilich in der Sackgasse: die eine dadurch, dass die Kräfte weiterhin an die Vergangenheit gekettet bleiben, die andere dadurch, dass keine Perspektiven für die Zukunft bestehen.

Es geht aber auch anders. So trafen Carver und Scheier eine Frau, die sich aktiv in einer Umweltschutzbewegung engagierte, dann aber plötzlich krank wurde, so dass sie nicht mehr an konkreten Aktionen teilnehmen konnte. Sie bemühte sich daraufhin, Geld für die Organisation zusammenzubringen – und wurde sehr erfolgreich dabei. »Wenn ein Weg verschüttet ist, wird ein anderer sichtbar und wichtig. Indem ein unerreichbares Ziel aufgegeben, gleichzeitig aber ein anderes als Alternative gefunden wird, bleibt der Mensch in der Vorwärtsbewegung. Das Leben hat weiterhin einen Sinn«, fassen Carver und Scheier ihre Forschungsergebnisse zusammen.

Dass neue Ziele das Leben im positiven Sinne vorwärts treiben, belegt eine amerikanische Studie an den Eltern von krebskranken Kindern. Gelang es Mutter und Vater, ihre ursprünglichen Lebenspläne ad acta zu legen und beispielsweise ihre Karrierepläne zurückzuschrauben, litten sie deutlich weniger an Frust und Depressionen, als wenn sie versuchten, trotz der Beanspruchung durch die extreme Krankheitssituation ihres Kindes daran festzuhalten. Von Bedeutung war aber auch, dass die Eltern nunmehr nicht die einzige Aufgabe darin sahen, für ihr Kind da zu sein, sondern auch Freiräume für sich selbst, für ihre Hobbys und Vorlieben geschaffen hatten. Was deutlich macht: Man muss sich im Falle eines Scheiterns neu definieren – doch diese Definition darf nicht in einer Opferrolle ausmünden. Auf diese Weise eröffnen sich dem Verlierer neue Daseinsperspektiven, er entdeckt, dass er auch jemand anders sein kann. Und so erfährt die Niederlage am Ende tatsächlich eine positive existentielle Dimension.

Allwärts klagt der Mensch Natur und Schicksal an, und sein Schicksal ist doch in der Regel nur Nachklang seines Charakters, seiner Leidenschaften, Fehler und Schwächen.

DEMOKRIT (460–371 v. CHR.)

Wer regelmäßig andere Menschen betrügt, darf sich nicht wundern, wenn das Leben ihn betrügt; wer überall nur das Schlimmste vermutet, darf auch getrost damit rechnen, dass dieses Schlimme irgendwann einmal eintreten wird. In der modernen Psychologie kennt man das von Demokrit umrissene Prinzip als »selffulfilling prophecy«, eine »sich selbst erfüllende Prophezeiung«. Was konkret heißt: Wer in ständiger Angst lebt, keinen Job mehr zu bekommen, wird sich so wenig selbstbewusst verhalten, dass er tatsächlich keinen Job bekommen wird. Wer in ständiger Angst lebt, dass sein Partner ihn verlassen wird, wird so verkrampfen, dass ihn der Partner am Ende tatsächlich verlassen wird. Wer ständig misstraut, wird bei den anderen Menschen eine solche Abwehrhaltung hervorrufen, dass er schließlich tatsächlich Grund für sein Misstrauen bekommen wird.

Wenn Sie also wirklich wollen, dass Ihnen das Schicksal gnädiger gesonnen ist, müssen Sie sich auch entsprechend optimistisch verhalten. Und wenn Sie eine Krise bewältigen wollen, müssen Sie auch den Glauben haben, dass es einen Weg aus dieser Krise gibt. Wer fatalistisch an die Unlösbarkeit seiner Probleme glaubt, wird sie auch niemals lösen können.

Sieh den Regenbogen!
Nur wenn der Himmel weint,
erblickst du die Farben
im Licht.

SHAN TAO (613–681)

Alles was ist, birgt auch gleichzeitig seinen Gegensatz in sich. Damit bietet auch alles, was uns traurig macht, in sich die Möglichkeit, uns glücklich zu machen. Und warum? Weil sich alles verändert und deswegen aus allem Übel etwas Gutes werden kann.

Sie haben – sei es wegen einer Scheidung oder sei es wegen eines Todesfalls – einen Menschen verloren, und Sie empfinden deshalb große Trauer? Gut so, trauern Sie! Doch es besteht kein Grund, verzweifelt zu sein. Denn auch wenn Sie nichts mehr daran ändern können, dass der geliebte Mensch verschwunden ist, so können Sie sich wenigstens sicher sein, dass Ihr Schmerz nicht für immer anhalten wird.

Möglicherweise wird diese Erfahrung der Trauer sogar etwas in Ihnen freisetzen, was sonst für immer verborgen geblieben wäre. Es gibt Tausende von Menschen, die nach dem Verlust ihres Partners zu einem neuen Leben kamen. Natürlich gibt es auch Tausende, die danach verzweifelten. Doch es sind eben diejenigen, die davon überzeugt waren, dass ihr Schmerz niemals enden würde. Eben jene, die nicht glauben wollen, dass Regen nicht nur aus düsteren Wolken kommt, sondern auch wundervolle Regenbogen schaffen kann.

Bewältige eine Schwierigkeit, und du hältst hundert von dir fern. KUNGFUTSE (CA. 551–479 V. CHR.)

Oft kommen wir auch nur deshalb nicht aus einer Krise, weil wir uns zuviel vornehmen. Dass wir uns beispielsweise in einem Rundumschlag von alten, ungeliebten Verhaltensmerkmalen trennen wollen, anstatt sie einzeln und sukzessive zu überwinden. Beispielsweise, indem wir nicht nur mit dem Rauchen aufhören wollen, sondern uns auch noch im Fitness-Studio anmelden und auf vegetarische Kost umstellen. Oder nicht nur freundlicher zu unserem Lebenspartner werden, sondern auch noch bei den Kollegen um Sympathiepunkte buhlen und uns in der Schule unseres Kindes engagieren. Doch die Erfolgsaussichten solcher konzertierter Aktionen sind begrenzt.

Psychologen betonen immer wieder, dass wir nur

ein begrenztes »Selbstdisziplin-Kontingent« haben. Für unser Gehirn sind Umstellungen im Verhalten sehr anstrengend, es muss sich – im Unterschied zu den gewohnten Verhaltensweisen – darauf konzentrieren, und das geht nur bis zu einem gewissen Grad. Weswegen es schon schwer genug ist, nur ein Verhalten nachhaltig zu ändern. Und wenn man es dann gleichzeitig mit mehreren versucht, wird es erst recht schwierig.

Was aber nicht heißen soll, dass sich die Veränderung einer Verhaltensweise nicht auf andere auswirkt. Alles, was wir denken und tun, hat Berührungspunkte und greift ineinander. Wer es schafft, mit dem Rauchen aufzuhören, wird körperlich belastbarer werden, so dass ihm der Sport leichter fällt – und er sich endlich wieder die Sportschuhe anzieht. Wer auf seine Kollegen zugeht, wird dies früher oder später auch bei anderen Menschen machen, weil er die Technik des Aufeinander-Zugehens gelernt hat. Doch Voraussetzung für diese Übertragungseffekte ist, dass wir das eine Problem ernsthaft angehen und dort Erfolge erzielen. Wer hingegen halbherzig mehrere Probleme angeht, wird höchstwahrscheinlich bei allen scheitern.

Wir betrügen und schmeicheln niemanden durch so feine Kunstgriffe als uns selbst.

ARTHUR SCHOPENHAUER (1788–1860)

Kann Selbstmitleid eine produktive Kraft sein? Im August 2005 fand in Washington die Jahresversammlung der amerikanischen Psychologenvereinigung statt. Die anwesenden Psycho-Experten wurden überrascht. Mark Leary von der Wake Forest University hielt nämlich einen Vortrag, in dem er den selbstmitleidigen Menschen eindeutig mit lobenden Worten bedachte: Der sei nämlich nicht, wie viele andere, emotional tiefgefroren, sondern würde wenigstens durch sein eigenes Leid bewegt. »Er ist«, so Leary weiter, »sich selbst gegenüber freundlich und besorgt. Er geht verständnisvoll und nichtwertend mit seinen Fehlern und Unzulänglichkeiten um und akzeptiert Rückschläge als Teil des Menschseins.«

Wie war Leary nun zu dieser überraschenden Erkenntnis gekommen? Zusammen mit seinem Forscherteam hatte er zwei Untersuchungen durchgeführt, in denen die Probanden Fragebögen zu Selbstmitleid und Selbstachtung ausfüllen mussten. In der ersten Studie konfrontierte Leary männliche und weibliche Studenten mit imaginären Krisen-Situationen wie dem Durchfallen bei einem wichtigen Test, dem Verlieren eines Leichtathletikwettbewerbs und einem Black-out während einer Vorführung. Das Ergebnis: Die Probanden mit dem meisten Selbstmitleid erfuhren deutlich weniger negative Gefühle beim Sich-Erinnern an die Stresssituation als diejenigen, die mit großem Selbstbewusstsein antraten.

In der zweiten Studie wurden Studenten mit weniger schmeichelhaften Kommentaren nach einer persönlichen Vorstellung konfrontiert. Auch hier offenbaren sich die selbstmitleidigen Teilnehmer als zufriedener und weniger wütend als jene Probanden, die sich kaum in Selbstmitleid ergingen. Fazit: Wer mehr Selbstmitleid hat, zeigt sich weniger traurig, ängstlich und ärgerlich als andere. Er grübelt seltener und denkt positiver über Fehlschläge. Nach dem Muster: »Auf lange Sicht macht das nichts« oder »Jeder macht mal Fehler«.

Doch wie kann es sein, dass ausgerechnet Selbstmitleid hilft, negative Ereignisse zu puffern? Die mögliche Erklärung: Viele Menschen erhalten sich ihr Selbstwertgefühl, indem sie sich Illusionen über ihre eigenen Stärken und Lebenssituationen hingeben. Was aber, weil es auf Täuschung beruht, ein ziemlich unsicheres Kartengebäude ist, das ständig in sich zusammenzustürzen droht. Außerdem werden diese Menschen bei negativen Ereignissen von einem ziemlich hohen Thron heruntergeholt – ein Sturz, den sie zwangsläufig als schmerzhaft und beängstigend erfahren müssen. Der selbstmitleidige Mensch hingegen befindet sich auf niedrigerem Niveau. Dadurch fällt er im Falle einer Krise weniger tief und schmerzhaft. Außerdem akzeptiert er eher seine Schwächen und Niederlagen, ohne sich dafür zu verurteilen. Der Grund: Wer ohnehin davon ausgeht, dass ihm öfter Schlechtes widerfährt als anderen Menschen, ist besser gewappnet, wenn tatsächlich mal eine Krise kommt. Er empfindet sie weniger als Resultat persönlichen Versagens, sondern vielmehr als »Menschliches-Allzumenschliches«, mithin als Schicksal, das jeden treffen kann. Schon Seneca sagte: »Sei auf alles gefasst und innerlich vorbereitet.« Für den Selbstmitleidigen trifft dies in besonderem Maße zu. Denn er erwartet ohnehin, dass ihm schlechte Dinge widerfahren – und deswegen wird er nicht überrumpelt, wenn tatsächlich Schlimmes passiert.

Übrigens: Selbstmitleid kann man erlernen. In einer dritten Studie bat Leary seine Probanden darum, sich an eine negative Erfahrung aus ihrer Schul- oder Universitätszeit zu erinnern. Dann sollten sie einen »Brief« an sich selbst schreiben, so wie sie ihn an einen guten Freund schreiben würden – mit entsprechender Güte und Verständnis. »Es zeigte sich, dass Selbstmitleid erlernt werden und dieser Gedankenzustand, wenigstens kurzfristig, positive Effekte haben kann«, so Leary.

Lieber mit Pudel als mit Menschen

Schopenhauers Leben war alles andere als ein glatter Durchmarsch zum weltbekannten Philosophie-Genie. Hineingeboren in eine Danziger Handelsfamilie, lernte er zunächst – auf Druck des Vaters – den Kaufmannsberuf. Nach dessen Tod zog es Arthur jedoch zur Universität, um Philosophie zu studieren. Im Alter von dreißig Jahren schrieb er sein Hauptwerk: »Die Welt als Wille und Vorstellung«. Es präsentierte sich als leidenschaftliches Meisterstück eines jungen Genies und enthielt bereits vollständig die Prinzipien der Schopenhauer'schen Philosophie – die danach folgenden Bücher konnten ihm nichts Neues mehr zufügen. Beachtung in der Öffentlichkeit fand es jedoch zunächst nicht, und das machte seinem Autor stark zu schaffen.

Schopenhauer schimpfte auf alles und jeden, vor allem aber auf die »Weiber« und die Universitätsphilosophie. Als Dozent in Berlin legte er seine Vorlesungen parallel zu den Stunden, in denen der berühmte Hegel las – und wunderte sich dann, dass kaum jemand zu ihm kam. Generell hielt er Geselligkeit für eine der »gefährlichsten Neigungen überhaupt, da sie uns in Kontakt bringt mit Wesen, deren große Mehrzahl moralisch schlecht und intellektuell stumpf ist«. Schopenhauer hielt sich lieber an seinen Pudel, mit dem er lange Spaziergänge unternahm, die ihn zeit seines Lebens bei bester Gesundheit hielten. Doch als sich endlich die Welt für sein Werk zu interessieren begann, holte ihn unerwartet der Tod: Der Philosoph starb mit zweiundsiebzig Jahren am Herzschlag. Seine Grabplatte in Frankfurt trägt seinen Namen und sonst nichts. Doch sein Jugendwerk gehört zu den maßgeblichen Wegweisern der Philosophiegeschichte.

Zu sich selbst vollkommen ehrlich zu sein ist eine gute Übung. Sigmund Freud (1856–1939)

Selbstmitleid hat durchaus Vorzüge, weil es im Unterschied zu Selbsteuphorie und Selbstüberschätzung »den Ball flachhält« und dadurch vor tiefen Stürzen schützt. Es muss jedoch Folgendes bedacht werden: dass nämlich Selbstmitleid nur dann fruchtbar ist, wenn es berechtigt ist, wenn es also ähnlich strukturiert ist wie das Mitleid mit anderen Lebewesen, das ja bekanntlich bei den Menschen große Leistungen freisetzen kann. Sofern Selbstmitleid jedoch nichts anderes ist als bloßes Jammern und Hadern mit dem eigenen Schicksal, ist es überflüssig, und es nervt die Umwelt und lähmt die eigenen Kräfte.

Betrachten wir daher das Wesen des echten Mitleids, denn ohne dessen Kenntnis wissen wir nicht, wie ein berechtigtes Selbstmitleid aussieht. Nehmen wir einen Fall, bei dem wohl fast alle Menschen der zivilisierten Welt mitfühlen, nämlich ein krankes und hungerndes Kind der Dritten Welt. Welche Merkmale sind es, die nun bei uns Mitleid auslösen? Sicherlich die Tatsache, dass es ihm schlechter geht als uns. Doch das kann nicht alles sein, insofern es ja überall Menschen gibt, denen es schlechter geht, ohne dass sie unser Mitgefühl auslösen. Von Bedeutung ist nämlich auch, dass es sich um ein Kind handelt, also um ein Wesen, das sein

Schicksal nicht in die eigenen Hände nehmen kann. Weswegen ein erwachsener und gesunder Langzeitarbeitsloser – zumindest auf den ersten Blick – weniger Mitleid bei uns erregt, weil wir ihm prinzipiell noch zutrauen, dass er aus eigener Kraft etwas an seinem Schicksal ändern könnte.

Für echtes Mitleid sind also zwei Kriterien nötig: einmal das Elend und dann die Unmöglichkeit, sich selbst aus diesem Elend zu befreien. Was für das Selbstmitleid bedeutet: Es ist nur dann berechtigt, wenn wir nicht nur im Elend stecken, sondern auch nicht aus eigenen Stücken da herauskommen. Und das ist eigentlich der entscheidende Knackpunkt. Viele Menschen wälzen sich nämlich im Selbstmitleid, obwohl sie eigentlich noch diverse Fäden in der Hand halten, sich aus ihrer Misere zu befreien. Sie erkennen es nur nicht. So sagt Seneca: »Die Sklaverei hält nur wenige Menschen, doch viele halten die Sklaverei fest.«

Und so verhält es sich mit diesen Menschen, die sich im unberechtigten Selbstmitleid ergehen: Sie ergeben sich sklavisch ihrem unglücklichen Schicksal, obwohl es noch gar kein Schicksal ist. All die Kneipen, Krankenhäuser, Arztpraxen und Seniorenheime – und nicht nur sie! – sind voller Menschen, die sich in ein Elend herunterreden, das noch gar nicht unverrückbar fest steht, sondern in seiner Endgültigkeit durchaus noch vermeidbar ist. Solch ein Selbstmitleid erwächst nicht aus der Erkenntnis einer echten und unabänderlichen Misere, sondern aus der Absicht, die eigene Lethargie zu vertuschen. Und gerade deshalb ist es so hartnäckig: weil das Vertuschen von Wahrheiten in der Regel eine Lebensaufgabe ist, während die Wahrheit, sofern sie einmal erkannt wurde, einfach nur da ist.

Daran sollten Sie denken, wenn Sie das nächste Mal die Neigung zum Selbstmitleid in sich spüren! Analysieren Sie ehrlich, ob Sie wirklich nichts an Ihrer Misere ändern können! Wenn es wirklich so ist, werden Sie sich mit dieser Situation beizeiten abfinden, denn unsere Psyche ist nicht interessiert am Wiederkäuen ewigen Unglücks – man betrachte nur die unheilbar Kranken, mit welcher Gleichmut sie am Ende ihr Schicksal hinnehmen. Anders ist es, wenn Ihr Selbstmitleid unbegründet ist, weil die Misere noch lange nicht endgültig ist. Davor sollten Sie sich hüten! Denn dabei werden Probleme nur wiedergekäut anstatt zügig verdaut.

8.

DER WAHRE WEG ZUR LIEBE:

Spüre, was der Andere dir gibt

Kennen Sie den »Michelangelo-Effekt«? Der eigentümliche Name des Phänomens wurde 1999 durch den US-amerikanischen Psychologen Stephen Michael Drigotas eingeführt, weil der Künstler Michelangelo seinerzeit gesagt haben soll, dass Bildhauerei wesentlich darin bestünde, einem Stein die in ihm schlummernden Formen zu entlocken. Die spätere Skulptur sei weniger das Produkt eines kreativen Aktes als vielmehr das Resultat einer behutsamen Enthüllungsarbeit. Der Künstler wäre demnach ein Mäeutiker, also ein hämmernder und polierender Geburtshelfer, der aus dem Material herausholt, was – wenn auch unsichtbar – bereits in ihm ist. Und genauso verhalte es sich, erklärt Drigotas, mit einer gut funktionierenden Ehe: »Sie ist nicht nur eine Verbindung und eine Beziehung, sondern auch dazu da, eine unterstützende Umwelt für persönliches Wachstum bereitzustellen.« Sie meißelt und hämmert das aus uns heraus, was wir zwar selbst von uns erwarten, doch aus den unterschiedlichsten Gründen noch nicht für uns umgesetzt haben.

Beispiele für den Michelangelo-Effekt wird jeder in seinem Bekanntenkreis und möglicherweise sogar in seiner eigenen Beziehung finden können. Wie etwa den mäßig motivierten Hochschullehrer, der erst durch die anpackende Art seiner Partnerin dazu gebracht wird, seinen Job an den Nagel zu hängen, um sich – wie er es sich schon immer erträumte – als freier Autor zu versuchen. Oder die junge Frau, die nach jahrelanger Funkstille wieder den Kontakt zu ihren »Problem-Eltern« aufnimmt, weil sie durch ihren sanft-diplomatischen Partner den entscheidenden Impuls dazu bekommen hat. Ganz zu schweigen von dem volkstümlichen Ausdruck der »besseren Hälfte«, in dem die Selbstoptimierung durch den Partner ja zumindest angedeutet wird.

Zudem existieren mittlerweile wissenschaftliche Daten zum Michelangelo-Effekt. So filmte und analysierte man an der Northwestern University in Illinois, wie Paare über ein Ziel diskutierten, das mit dem vorher abgefragten Selbst-Ideal eines der beiden Partner zu tun hatte. Ein Interview vier

Monate später ergab dann: Wer in dem aufgezeichneten Gespräch eine starke Unterstützung durch den Partner erfahren hatte, kam seinem avisierten Ziel und damit dem Idealbild seiner Persönlichkeit wesentlich näher. »Mit einem unterstützenden John an ihrer Seite erreicht Mary offenbar besser, was sie sich für ihre persönliche Entwicklung vorstellt hat«, resümiert Studienleiter Eli Finkel. Was nicht nur Auswirkungen auf Lebenszufriedenheit und psychische Gesundheit habe: »Es erhöht auch die Zufriedenheit mit der Beziehung – und damit verbessern sich wiederum die Aussichten für ihre Dauer.«

Goethe lag also nicht falsch, als er die Ehe als »eine Gelegenheit zum Reifwerden« bezeichnete. Die meisten Philosophen würden das aber wohl nicht unterstreichen wollen. Denn dass der einzelne Mensch jemand anders braucht, um sein Ideal-Ich zur Entfaltung zu bringen, entspricht nicht dem Selbstverständnis der denkenden Zunft. Wahrhaftige Individualität und persönliche Freiheit, so ihr Credo, könne man nur alleine, ohne Lebenspartner gewinnen. Man sah zwar eine gewisse Notwendigkeit für das Zusammenkommen von Mann und Frau, so wie etwa Immanuel Kant, der die Ehe als »Geschlechtsgemeinschaft« definierte, in der zwei

Menschen »ihre Geschlechtsorgane natürlich und wechselseitig gebrauchen«. Doch Begeisterung für die Beziehung von Mann und Frau wird man unter Philosophen nur wenig finden. Nicht umsonst blieb über die Hälfte von ihnen zeitlebens im Single-Status (was allerdings auch daran lag, dass man mit ihrem »Job« meistens keine Familie versorgen konnte).

Nichtsdestoweniger lohnt sich ein Blick auf das, was Philosophen über Ehe, Liebe und Partnerschaft gedacht haben. Denn für das Erkennen und Verstehen einer Sache ist es oft nützlich, wenn man eine gewisse Distanz zu ihr hat und nicht von ihr persönlich betroffen ist.

Liebe ist Lust, begleitet von der Vorstellung einer äußeren Ursache. BARUCH DE SPINOZA (1632–1677)

Spinoza war ein Philosoph, der Gott und die Welt und damit auch das Zwischenmenschliche in mathematische Gesetze verpacken wollte. Deswegen darf man ihm den Spruch nicht übel nehmen. Außerdem hat er ja auch recht. Denn Liebe ist letzten Endes ein Gefühl, dass in uns hochkommt, und weil es *unser* Gefühl ist, sind wir auch die erste Ursache dieses Gefühls. Es wird durch ganz bestimmte Dinge und Veranlagungen in uns entfacht, der äußere Reiz bildet bloß einen kleinen Anstoß.

Nicht umsonst gibt es lebenslustige Menschen, die sich immer wieder neu verlieben. Umgekehrt gibt es Lebensunlustige, die gar nicht lieben können. Die Fähigkeit zum Lieben und die Lust am Leben sind das Entscheidende. Durch was sie letzten Endes ausgelöst werden, ist sekundär. Oder anders ausgedrückt: Wir verlieben uns in einen bestimmten Menschen nicht deshalb, weil er uns überwältigt; sondern deshalb, weil wir überwältigende Gefühle in uns tragen, die bei seiner Anwesenheit freigelassen werden. Das klingt zwar nicht unbedingt romantisch – aber es hilft, das zuweilen merkwürdige Spiel der Liebe besser zu verstehen.

Liebe auf den ersten Blick – das geht über alle Erfahrung hinaus. OSCAR WILDE (1854–1900)

Bill und Hillary Clinton sahen sich das erste Mal in einer Bibliothek, und sie waren derart fasziniert, dass sie kaum den Blick voneinander lassen konnten. Ein stummes Flirten in der Stille des Lesesaals, das Hillary irgendwann nicht mehr ertragen konnte. Sie ging geradewegs auf den künftigen Präsidenten zu und sagte ihm: »Pass auf, wenn du mich weiterhin anstarrst und ich die ganze Zeit zurückstarre, können wir uns auch gleich vorstellen. Mein Name ist Hillary. Und wie heißt du?«

Wie die Geschichte weiterging, ist bekannt. Die Ehe der Clintons überstand sogar die Lewinsky-Affäre und erscheint auch sonst ziemlich stabil. Offenbar hat sie ihr erster Eindruck voneinander nicht etwa getäuscht, sondern auf den richtigen Weg geführt. Doch kann man dies verallgemeinern? Ist es nicht vielmehr so, dass der erste Eindruck, gerade weil er eben so neu und kurz ist, eher trügerisch ist?

Wissenschaftler sehen keinen Grund, an seiner Wahrhaftigkeit zu zweifeln. Denn der kurze Moment des ersten In-Augenschein-Nehmens reicht aus, um zahlreiche Fragen zu beantworten: Wie alt ist die Person? Wie ist sie angezogen? Wirkt sie offen und ehrlich oder linkisch und verschlossen? »Aussehen ist ein komplexes, psychologisch bedeutsames Gebilde, aus dem wir umfassende soziale Beurteilungen ableiten, die letzten Endes steuern werden, wen wir für eine Interaktion überhaupt in

Betracht ziehen«, erklärt Ronald Henss von der Universität Saarbrücken.

Wir täuschen uns eher in jemandem, mit dem wir zwanzig Jahre unter einem Dach gelebt haben, als in einer Person, die wir zum ersten Mal und nur für einen kurzen Augenblick gesehen haben. Für die Treffsicherheit des ersten Eindrucks gibt es vor allem zwei Gründe. Erstens: Einen Menschen, den wir noch nicht kennen, betrachten wir mit weniger Vorurteilen als jemanden, der uns jeden Tag im Büro gegenübersitzt. Und zweitens: Der sichere erste Blick ist ein Relikt, das dem Menschen in seiner Frühgeschichte das Überleben sicherte, denn zu dieser Zeit blieb keine Zeit zum Kennenlernen, der Feind musste sofort als solcher enttarnt werden, bevor er aktiv werden konnte. Dementsprechend tief ist der erste Blick in den primitiveren Regionen des Hirns verankert – und von dort kommen keine Zweifel, sondern unmittelbare Gewissheiten.

Um einen guten Liebesbrief zu schreiben, musst du anfangen, ohne zu wissen, was du sagen willst, und endigen, ohne zu wissen, was du gesagt hast.

JEAN-JACQUES ROUSSEAU (1712–1778)

Liebesbriefe werden immer noch geschrieben, auch wenn sie heute möglicherweise mehr per Internet versendet werden als per Post. Und was ihren Inhalt angeht, sollte sich seit Rousseaus Zeiten auch nicht viel geändert haben. So sollen sie in erster Linie einem Gefühl, dem Gefühl der Liebe Ausdruck verleihen. Doch es gibt bekanntlich kaum etwas Schwereres, als Gefühle in Buchstaben auszudrücken. Weswegen es denn auch sinnlos ist, sich vor einem Liebesbrief einen Inhaltsplan zurechtzulegen.

Der echte und wahre Liebesbrief wird »einfach drauflos« geschrieben. Das kann zwar dazu führen, dass man am Ende selbst über das überrascht ist, was beim Schreiben herausgekommen ist, doch das macht nichts. Denn ebenso unberechenbar wie die Gefühlsäußerung eines Liebenden ist die Art und Weise, wie der Angeschriebene diese Äußerungen wahrnimmt. Also: Lassen Sie das Geschriebene so stehen, wie es ist. Falls der geliebte Mensch diese Spontankundgebung nicht verstehen sollte, darf Sie das nicht weiter stören. Vielleicht ist es sogar ein warnender Fingerzeig darauf, dass er Ihnen doch nicht so nahe ist, wie Sie glaubten.

Jean-Jacques Rousseau büxt schon früh von zu Hause aus, um sich in unterschiedlichsten Berufen zu tummeln, vom Schreiberlehrling über den Handwerker bis zum Musikanten und Kammerdiener. Er schafft es sogar, dass man seine Opern am Hof von Versailles aufführt, wobei er allerdings durch seine nachlässige Kleidung dem Stück die Show stiehlt. Sein Durchbruch als Schriftsteller kommt 1749, als die Akademie von Dijon die Preisfrage stellt, ob die modernen Künste und Wissenschaften zur Verbesserung der Sittlichkeit beigetragen hätten. Rousseau beantwortet diese Frage mit einem klaren Nein. Er versteht die Künste und Wissenschaften nämlich nicht als Denkmale des Fortschritts, sondern als Kennzeichen des sittlichen Verfalls.

Rousseau erregt damit in seiner fortschrittsgläubigen Zeit reichlich Aufsehen, sein Ruhm wächst. Sein Leben jedoch bleibt unstet, er wird zum selbstquälerischen Hypochonder und Melancholiker, der sein Heil auf dem Land sucht, es dort aber nicht findet. Er überwirft sich mit seinen Freunden, verfällt am Ende dem Verfolgungswahn. Mit sechsundsechzig Jahren stirbt Rousseau in der Nähe von Paris. Verbittert und voller Hass: »Speien nicht die

Vorübergehenden vor mir aus, statt mich zu grü-
ßen? Belustigt sich nicht eine ganze Generation damit, mich lebendig zu begraben?«

In seinem starken Hang zur Offenheit macht
Rousseau auch um sein Liebesleben keine Geheim-
nisse. Er gesteht seinen Hang zum Auspeitschen-
Lassen und zur Onanie, hin und wieder frönt er
auch dem Exhibitionismus, was ihm beinahe Prügel
einbringt. Er mimt den Geliebten einer extravagan-
ten und älteren Dame, vergnügt er sich mit Kur-
tisanen, um dann endlich ganz normal mit einer
Dienstmagd vor den Traualtar zu treten. Aus dieser
Beziehung entstehen insgesamt fünf Kinder. Rousseau, der große Pädagoge und Autor des Erzie-
hungsromans »Emile«, bringt sie allesamt ins Fin-
delhaus – weil sie ihm zu viel Lärm machen und zu
viel Geld kosten.

*Man soll sich beim Eingehen einer Ehe die Frage
vorlegen: Glaubst du, dich mit dieser Frau bis ins Alter hinein gut zu unterhalten? Alles andere in der
Ehe ist transitorisch, aber die meiste Zeit des Verkehrs
gehört dem Gespräche an.*

FRIEDRICH NIETZSCHE (1844–1900)

Nietzsches Ansichten zur Ehe kann die moderne Statistik nur bestätigen. Denn die Scheidungsquote liegt mittlerweile in der Nähe der Fünfzig-Prozent-Marke, und gleichzeitig reduzierte sich das Gesprächsvolumen in deutschen Ehen auf fünf bis zehn Minuten pro Tag. Neuere Untersuchungen belegen jedoch, dass die Quantität der Gespräche nicht allein ausschlaggebend für die Stabilität einer Beziehung ist. Mindestens genauso wichtig scheint die »Sprachverteilung« zu sein.

Ein Forscherteam der University of Texas befragte mehr als fünfzehnhundert fest liierte Männer und Frauen nach dem Stress und den Gesprächsmustern in ihren Beziehungen. Das Ergebnis: Den geringsten Stress und die geringsten Disharmonien findet man dort, wo sich Partner mit ähnlichem Redeverhalten gefunden haben. Kommen redegewaltige Frauen mit redegewaltigen Männern oder aber schweigsame Frauen mit schweigsamen Männern zusammen, bestehen gute Chancen, dass die Partnerschaft viele Jahre überdauert. Was wieder einmal die These bestätigt, dass Liebesbeziehungen nicht nach dem romantischen Muster »Gegensätze ziehen sich an«, sondern nach der nüchternen Regel »Gleich und Gleich gesellt sich gern« begründet werden sollten.

Was die wahre Freundschaft und noch mehr das glückliche Band der Ehe so entzückend macht, ist die Erweiterung seines Ichs.

GEORG CHRISTOPH LICHTENBERG (1742–1799)

Sicherlich: Wenn zwei Menschen eine tiefe Verbindung miteinander eingehen, bedeutet das, dass sie beide Rücksicht aufeinander nehmen, und wer Rücksicht auf jemand anders nimmt, muss zwangsläufig in seinen eigenen Bedürfnissen zurückstecken. Doch daraus folgt nicht, dass auch das Ich der beiden Beteiligten zurückstecken muss. Im Gegenteil. Wer sich auf den geliebten Menschen ehrlich und vorurteilsfrei einlässt, muss nicht nur ihn beobachten, sondern auch sich selbst. Allein schon, dass man sich mit den Wertvorstellungen eines anderen Menschen beschäftigt, bedeutet ja auch, dass man seine eigenen Wertvorstellungen hinterfragt.

Wenn beispielsweise der Partner bei der Kindererziehung andere Vorstellungen hat, zwingt dies dazu, die eigenen Erziehungsmaximen auf ihre Richtigkeit zu überprüfen. Und falls er Angst hat, mit uns im Auto zu fahren, wenn wir am Steuer sitzen, müssen wir unseren eigenen Fahrstil in Frage stellen. Das Wahrnehmen des Anderen bedeutet auch, dass man sich selbst in Frage stellt – und dieses Selbst-in-Frage-Stellen fördert schließlich die Entwicklung des eigenen Ichs.

Ein Philosoph mit grosser Familie

Georg Christoph Lichtenberg arbeitete eigentlich als Professor für Experimentalphysik in Göttingen, doch den weitaus höheren Bekanntheitsgrad erreichte er durch seine Aphorismen. Er war ähnlich wie Nietzsche, der sich ebenfalls in den verdichteten Sinnsprüchen auszudrücken pflegte, von schwächlicher Konstitution. Was einerseits seine Schaffensprozesse immer wieder unterbrach, ihn andererseits aber in starkem Maße empfindsam machte. Seine Beobachtungsgabe richtete er nicht nur auf naturwissenschaftliche Erscheinungen, sondern auch auf die Umwelt und seine Mitmenschen.

Im Unterschied zu vielen anderen Philosophen hatte Lichtenberg ein ausgesprochen unbelastetes Verhältnis zu Frauen. Ab 1780 lebte er mit Maria Dorothea Stechard, der sogenannten »Stechardin«, zusammen. Ohne Trauschein. Sie war, wie er es ausdrückte, »ohne priesterliche Einsegnung meine

Ehefrau«. Was allerdings auch der Tatsache geschuldet war, dass Maria nach ihrem Einzug gerade mal fünfzehn Jahre alt war und ihre Konfirmation absolviert hatte. Der Philosoph schrieb später über seine Zeit mit Maria: »In meinem Leben bin ich nie reicher und glücklicher gewesen. Sie hat mich mit dem ganzen menschlichen Geschlecht ausgesöhnt.« Doch das Glück war nicht von Dauer, die junge Frau verstarb bereits 1782 an Kopfrose, im Alter von gerade mal siebzehn Jahren.

Etwa ein Jahr später zog »Margarethchen« Elisabeth Kellner als Haushälterin zu Lichtenberg. Die beiden begannen eine Affäre, aus der auch zwei Kinder hervorgingen. Doch sie heirateten erst 1789, weil der mittlerweile schwer asthmakranke Lichtenberg seine Lebensgefährtin finanziell absichern wollte. Als er starb, hinterließ er neben seiner Frau acht Kinder. Wenn sich also Lichtenberg über Frau und Familie äußerte, wusste er auch aus eigener Erfahrung, wovon er sprach.

Gut gehauene Steine schließen sich ohne Mörtel aneinander. MARCUS TULLIUS CICERO (106–43 V. CHR.)

Was passt, muss nicht passend gemacht werden. Was heißen soll: Stabile Beziehungen müssen nicht erst durch äußere Attribute stabil gemacht werden. Weder Eheverträge und gemeinsame Geschäfte noch teure Geschenke und Reisen können den Untergang einer Partnerschaft aufhalten und erst recht keine Kinder. Und ob eine Paartherapie eine kriselnde Ehe wirklich noch retten kann, ist fraglich – denn wenn die Steine erst einmal bröcklig sind, lassen sie sich auch durch besten Mörtel nicht mehr kitten.

Andererseits soll der Satz von Seneca nicht bedeuten, dass man an einer Beziehung nicht arbeiten sollte. Denn Menschen und ihre Lebenssituationen verändern sich, und damit nicht gleich der Scheidungsanwalt angerufen werden muss, sollte man versuchen, sich darauf einzustellen. Die meisten Ehen gehen nicht zugrunde, weil die Partner nicht mehr zueinander passen, sondern weil sie sich nicht miteinander verändert haben.

Was man eine glückliche Ehe nennt, verhält sich zur Liebe wie ein korrektes Gedicht zu improvisiertem Gesang.
FRIEDRICH VON SCHLEGEL (1772–1829)

Was hält heutzutage eigentlich eine Beziehung zusammen? Ein Team von Sozialwissenschaftlern der University of Texas hat sich gezielt dieser Thematik angenommen und Ehepaare, die seit mindestens sechs Jahren miteinander verheiratet sind, auf die Gründe ihres langen Zusammenseins abgeklopft. Ihre Methode: Jeder Partner sollte unabhängig vom anderen einen Fragebogen beantworten, der Fragen zu Selbsteinschätzung, zwischenmenschlicher Beziehung, Lebensgestaltung und Einschätzung des Ehepartners enthielt.

Das Ergebnis war verblüffend. Denn das von manchem Psychotherapeuten favorisierte Kardinalproblem, der Sex, ist für die Stabilität einer Ehe offenbar nur von zweitrangiger Bedeutung. Wichtiger sind: Treue, das Miteinander-reden-Können, Streitkultur und der gemeinsame Humor, »denn wenn zwei Menschen«, so die Wissenschaftler, »nicht mehr über dasselbe lachen können, haben sie sich auch in ihrer Lebenseinstellung weit voneinander entfernt«. Erstaunlich ist allerdings, dass die befragten Männer den Humor weitaus häufiger als unentbehrliche Würze ihrer Ehe angegeben haben als ihre Frauen.

Ein weiterer Stabilitätsfaktor ist, inwieweit die Selbsteinschätzung mit der Einschätzung von Seiten des Partners übereinstimmt – und zwar unabhängig davon, ob die Selbsteinschätzung positiv oder negativ ausfällt. »Das provozierende Ergebnis unserer Studie ist«, so die amerikanischen Forscher, »dass Menschen mit einem negativen Selbstbild am glücklichsten mit jenen Partnern waren, die schlecht von ihnen dachten.« Mit anderen Worten: Wenn ein Mann sich selbst als chronischen Versager sieht, ist er am glücklichsten mit einer Frau, die diese Ansicht teilt. Und wenn eine Frau sich selbst als kontaktarmes Mauerblümchen einschätzt, ist sie am glücklichsten mit einem Mann, der sie in dieser Einschätzung bestärkt. Positives Denken ist also in einer stabilen Ehe nicht unbedingt erwünscht, wichtiger scheint zu sein, von dem Anderen in seiner Selbstsicht gestärkt zu werden, gleichgültig, wie verheerend diese ausfällt.

Liebe und Grausamkeit sind nicht Gegensätze: sie finden sich bei den festesten und besten Naturen immer beieinander. FRIEDRICH NIETZSCHE (1844–1900)

Nietzsches Spruch klingt grausam, aber er ist wohl auch wahr. Denn Liebe hat etwas mit Ehrlichkeit zu tun, und die kann bekanntlich grausam sein, gerade bei Menschen, die einen festen Charakter besitzen. Außerdem kennen Liebende einander wie niemand sonst. Und wer jemanden besonders gut kennt, der weiß auch, wo er ihn besonders empfindlich verletzen kann. Das sollte man zwar nicht tun, weil es unmenschlich und unethisch ist, aber im Streit werden solche Dinge gern vergessen. Auch das ist gewissermaßen ein Gesetz – ein Gesetz des menschlichen Zorns.

Paartherapeuten sprechen oft davon, dass es eigentlich ein gutes Zeichen ist, wenn die Partner voller Leidenschaft und – wohlgemerkt: rhetorischer – Brutalität aufeinander losgehen, denn diese Emotionalität würde zeigen, dass sie sich noch etwas bedeuten. Nichtsdestoweniger stellt sich hier natürlich die Frage nach dem Maß. Denn wenn der Partner bewusst erniedrigt und verletzt wird, zeugt dies eher von Hass und Vernichtungsdrang als von Liebe.

Alles, was uns lieb ist, verursacht uns Schmerz.

GAUTAMA BUDDHA (CA. 560–480 V. CHR.)

Klingt düster, ist aber ähnlich wahr wie der Satz von Nietzsche zuvor. Und bei näherem Hinsehen ist es auch gar nicht mehr so düster. Denn weil sich alle Dinge und Menschen ändern, wird sich auch unsere Beziehung zu allem, was uns lieb ist, oder dessen Beziehung zu uns verändern – und das führt zwangsläufig dazu, dass wir den Schmerz von Verlust und Trennung spüren. Jetzt könnte man natürlich sagen: »Gut, wenn das so ist, dann kappe ich eben alle Verbindungen zu meiner Umwelt, werde zum Einsiedler, und das Leiden hat ein Ende.« Eine Lösung? Buddha antwortet hier mit einem klaren Nein. Denn willentliche Entsagung ist nichts anderes als Trotz, und wer trotzig ist, hängt immer noch am Leben und an den anderen.

Die richtige Lösung lautet viel mehr, die Änderungen in Ihrer Umwelt und auch die Änderungen in Ihren Beziehungen hinzunehmen, wie sie sind. Die Menschen in Ihrer Umgebung sind nun einmal kein Fernsehprogramm, über das Sie willkürlich verfügen können, sie verhalten sich nicht nach Ihren Idealvorstellungen. Wenn Sie das vergegenwärtigen, werden Sie weniger Schmerzen verspüren.

Was freilich nicht ausschließt, dass Sie doch irgendwann Schmerzen haben werden. Doch auch dann gilt das Prinzip der Vergänglichkeit, und diesmal tröstet es: Denn Schmerzen werden erträglich, wenn man weiß, dass sie nicht so bleiben, wie sie gerade im Augenblick sind.

Wenn Ihr Euch nur vom Denken in Vorstellungen und Begriffen befreien könntet, hättet Ihr alles erreicht. Doch wenn Ihr Euch von diesem Denken nicht blitzartig in einem Augenblick befreit, wird es Euch nie gelingen, selbst wenn Ihr eine Ewigkeit danach strebt. HUÁNGBÒ XĪYÙN (GESTORBEN 850)

Im Verständnis von Zen sorgen Begriffe und Vorstellungen dafür, dass der freie Geist in vorgefertigte Bahnen gelenkt, gewissermaßen eingekerkert wird. Sie müssen daher überwunden werden. Wichtig ist aber, dass diese Überwindung blitzartig geschieht, sie kann nicht allmählich erfolgen. Es darf natürlich durchaus Augenblicke geben, in denen wir in Begriffen und Vorstellungen denken (ohne sie wären wir letzten Endes nicht lebensfähig), doch in den Augenblicken, in denen wir sie hinter uns lassen, müssen sie auch komplett überwunden werden, ohne Kompromisse.

So dürfen wir beispielsweise in einem Augenblick, in dem wir uns die Liebe zu einem anderen Menschen vergegenwärtigen, nicht daran denken, was er für uns bedeutet, dass er beispielsweise unser Ernährer ist, uns stets mit Geschenken verwöhnt oder uns in der Vergangenheit einmal böse verletzt hat. Sofern wir nämlich das tun, ist unsere Liebe dahin, wir haben sie durch ein Beziehungsgeflecht ersetzt, das von Abhängigkeiten, Schuldgefühlen und dergleichen geprägt ist. Verstehen Sie das jedoch nicht falsch! Es geht nicht darum, dass Sie generell vergessen, was Ihnen ein geliebter Mensch bedeutet oder angetan hat. Doch in dem Moment, in dem Sie Liebe für ihn empfinden, muss dies alles überwunden sein, komplett, ohne dass etwas im Hinterkopf davon herumspukt. Denn eine wahre Liebe mit Hintergedanken gibt es nicht.

9.
PHILOSOPHISCH GESUND:

———

Entspannung statt Fitness-Wahn

Die meisten von uns kennen Mahatma Gandhi.
Den asketischen, in Leinen gekleideten Reformator
und Freiheitskämpfer, der Indien aus den Fängen
des Kolonialismus befreite und dafür von Winston
Churchill mit dem Attribut »Halbnackter Fakir«
bedacht wurde. Doch nur wenige kennen ihn als jemanden, der medizinische und gesundheitspoliti-
sche Schriften verfasst hat. Tatsache ist jedoch, dass
Gesundheit für Gandhi immer ein wichtiges Thema
war. Schon in seiner Jugend experimentierte er mit
unterschiedlichen Gesundheitstechniken und auch
mit unterschiedlichen Diäten, getragen von der
Überzeugung, dass wir unsere Leidenschaften nur
besiegen können, »wenn wir auch den Gaumen unter Kontrolle haben«. Später setzte er seine Experimente fort, wobei er dann auch seine Anhänger und
Freunde einbezog.

Einige seiner Experimente sind aus medizinischer Sicht freilich kaum nachzuvollziehen. Wie etwa sein Gelübde, nie wieder Milch zu trinken. Denn Gandhi litt nicht etwa unter einer Milchallergie oder Laktose-Intoleranz. Er kam zu dem Schwur, als er davon hörte, dass in Kalkutta den Kühen durch ein Bambusrohr Luft in den Uterus hineingeblasen wird, um die Milchleistung zu steigern. Entsetzt über diese Tierquälerei beschloss er, nie wieder Milch zu trinken. Er hielt sich sogar noch daran, als ihm die Ärzte nach einer schweren Operation dringend dazu rieten, Kuhmilch zu trinken, um wieder zu Kräften zu kommen. Erst seiner Frau Kasturba gelang es schließlich, ihn wenigstens zum Verzehr von Ziegenmilch zu überzeugen. Dabei ist er dann sein ganzes weiteres Leben geblieben.

Man sollte nicht der Verführung nachgeben, solche Schwüre und Verhaltensweisen nur als Marotten eines großen Geistes einzuordnen. Das Beispiel der Milch verdeutlicht vielmehr, dass es Gandhi in seiner Gesundheitslehre nicht nur um das individuelle Wohlbefinden geht, sondern auch darum, Gesundheit in einen philosophischen und moralischen Kontext zu stellen. Was ihm wichtig ist, dass sich der Mensch komplett auf eigene Füße stellt. Und dazu gehört, dass er auch in puncto Gesundheit zu seiner Eigenverantwortung steht. So wie

Indien seine eigenen Stärken entdecken und entfalten sollte, um sich von England emanzipieren zu können, sollte jeder Mensch seine Gesundheit in eigene Hände nehmen und nicht einem Arzt überlassen.

Getragen wird dieser Ansatz natürlich von einem skeptischen Verhältnis zur wissenschaftlichen Medizin, die Gandhi für eine heimtückische Verführerin hält, die den Menschen dazu verleitet, sich gehenzulassen und leichtfertig gesundheitliche Risiken in Kauf zu nehmen. Als Beispiel nennt er einen Mann, der zuviel isst. Er bekommt Magen-Darm-Beschwerden, doch anstatt daraus seine Lehren für sich zu ziehen, geht er mit ihnen zum Arzt, der ihm dann auch eine oder mehrere Arzneien verordnet. Mit der Folge, dass der Patient die Medikamente schluckt, seinen gesundheitsschädlichen Lebenswandel beibehält und weiter im Nahrungsüberfluss schwelgt.

Für Gandhi ist eine solche Vorgehensweise unakzeptabel. Weil sie die moralische Verfehlung, nämlich die Gier des Patienten, unberührt lässt. Und weil es in ihr nur so von Gewalt wimmelt. Denn letzten Endes ist nicht nur das Verhalten des Arztes, der mit seinen Medikamenten natürliche Symptome unterdrückt, ein Akt der Gewalt, sondern auch das Verhalten des Patienten, der mit Hilfe der Arzneimittel fortfahren kann, seinen Körper mit falscher Ernährung zu drangsalieren.

Gandhis Fazit: Die moderne Medizin ist unmoralisch, weil sie statt Selbstbeherrschung das verhängnisvolle Dreigestirn von Schwelgen, Gewalt und Gier unterstützt. Richtige Medizin müsse hingegen die Selbstbeherrschung und Unabhängigkeit des Menschen fördern, und sie müsse gewaltlos und für alle erschwinglich sein. In dieser Hinsicht erweist sich der indische Reformator als echter Philosoph.

Gesundheit ist gewiss nicht alles, aber ohne Gesundheit ist alles nichts.

ARTHUR SCHOPENHAUER (1788–1860)

Wenn man hierzulande einen Menschen fragt, was er für den höchsten Wert ansieht, antwortet er meistens: Gesundheit. Und in der Tat: Ohne Gesundheit könnten wir viele Dinge nicht tun. Mit einem Bandscheibenvorfall kann man nicht einmal mehr einen Spaziergang machen; wer einen Herzinfarkt hatte, muss Aufregungen meiden. Krankheiten können nicht nur schmerzlich sein, sie können auch unser gewohntes Leben aushebeln – und uns daran hindern, unser tatsächliches Potential entfalten. Denn wer krank ist, kann nicht das aus sich herausholen, was möglich ist. Dieser Satz gilt nicht nur für Leistungssportler, sondern auch für den ganz normalen Alltag.

Nichtsdestoweniger wäre es ein Fehler, sein Augenmerk hauptsächlich auf die Gesundheit zu lenken. Denn Gesundheit ist wohl notwendig, sie ist aber keinesfalls hinreichend für unser Lebensglück. Wer bloß Gesundheit hat, hat nur den Eimer, mit dem er das Wasser seines Lebens transportieren kann, nicht aber das Wasser selbst. Das müssen Sie sich schon jenseits der Gesundheit besorgen. Und wenn Sie genug davon haben, dann können Sie sogar das eine oder andere Loch in dem Eimer verkraften.

In der einen Hälfte des Lebens opfern wir unsere Gesundheit, um Geld zu erwerben. In der anderen Hälfte opfern wir Geld, um die Gesundheit wiederzuerlangen. VOLTAIRE (1694–1778)

Diesen Satz sprach der französische Philosoph aus eigener leidvoller Erfahrung. In seiner Jugend ruinierte er seine Gesundheit, im Alter musste er sündhaft teure Leibärzte und Arzneien bezahlen, um den letzten Rest seiner Gesundheit erhalten zu können. Ein Fehler, den viele von uns machen. In unseren jungen Jahren schuften und mühen wir uns ab für Geld und Macht. Oft aus bloßer Gier, manchmal aber auch deshalb, um genug fürs Alter vorgesorgt zu haben. Doch es kommt ohnehin anders.

Wenn wir alt geworden sind, müssen wir nämlich feststellen, dass wir Raubbau an unserer Gesundheit betrieben haben. Denn ein ausschweifender Lebensstil im Arbeitsleben ist mindestens genauso schädlich wie ein ausschweifender Lebensstil im Laster. Die Folge: Das ganze mühsam ersparte Geld muss für die Pflege des kranken Körpers aufgewendet werden – und das ohne viel Aussicht, dass sich die Gesundheit noch einmal komplett zurückholen ließe. Denken Sie also daran: Es wird immer wieder Möglichkeiten in Ihrem Leben geben, in denen Sie Geld und Macht mehren können. Doch Ihren Körper, den gibt es nur einmal!

Die Krankengeschichte von Voltaire ist ein eindrucksvolles Plädoyer dafür, dass ein Arzt unbedingt einen klaren Trennungsstrich zwischen seiner Weltanschauung und seinem ärztlichen Tun ziehen sollte.

Der alternde Philosoph war 1758 eigens in die Umgebung von Genf gezogen, weil dort ein Star der damaligen Medizinerschaft arbeitete: Théodore Tronchin. Dem Schweizer Arzt wurden geradezu wundersame Heilkräfte zugesprochen und ebenso wundersame Honorare gezahlt, die er auch vom vermögenden Voltaire bekam. Allerdings ohne entsprechende Gegenleistung. Sein prominenter Patient musste sich am Ende damit abfinden, »mit vierundachtzig Lebensjahren und vierundachtzig Krankheiten gesegnet« zu sein. Ihm machten vor allem die immer schlimmer werdenden Schmerzen zu schaffen, und dass es stetig bergab mit ihm ging, ohne dass irgendeine Heilmethode wirklich anschlug – und mitunter sein Leiden sogar verschlimmerte. Weswegen Voltaire in seiner unnachahmlichen Art spottete: »Wenn ein Arzt hinter dem Sarg eines Patienten geht, folgt manchmal tatsächlich die Ursache der Wirkung.«

Voltaire starb am 30. Mai 1778. Tronchin behauptete später in einer Kirchenzeitschrift, der Philosoph sei kurz vor dem Tod in »fürchterliche Unruhe« geraten: »Er rief aus: Ich bin von Gott und den Menschen verlassen! Dann biss er sich in die Finger, steckte die Hände in seinen Nachttopf, fasste, was drin war, und aß es auf.« Wahrhaft unappetitliche Details, die ein zur Verschwiegenheit verpflichteter Arzt nicht hätte weitergeben dürfen. Außerdem widersprechen sie den Berichten anderer Zeugen, denen zufolge Voltaire ruhig, wohlwollend und friedlich entschlief.

Bleibt die Frage, warum Tronchin seinen berühmten Patienten posthum als Kot fressendes Monster diffamierte – ein Bild, das später viele Biographen ungeprüft übernahmen. Vermutlich holte er nach dem Tod Voltaires nach, was er sich zu dessen Lebzeiten nicht traute: nämlich seine Verachtung für ihn auszusprechen. Denn der Schweizer Mediziner war ein überzeugter Christ und Calvinist, wofür der französische Aufklärer naturgemäß nichts übrighatte und damit auch nicht hinter dem Berg hielt. Jedenfalls keimte in Tronchin ein grenzenloser Hass, den er aber nur heimlich – in Briefen an Dritte – offenbarte. Als sich Voltaire einmal von einem schweren Bluthusten erholte, schrieb Tronchin: »Er ist noch einmal davongekommen, ich hätte das nicht mehr erwartet. Ich wette, er ist um den Teufel herumscharwenzelt und dieser um ihn und tut es immer noch.«

Nach Voltaires Tod verdrängte dann der fanatische Calvinist endgültig den gewissenhaften Arzt in Tronchin. Es wäre nicht das erste und letzte Mal, dass blindwütiger Religionseifer über den Respekt siegt, den man dem Anderssein des anderen entgegenbringen muss. Voltaire selbst warnte als einer der Ersten davor.

Der Muskel wird durch starken Gebrauch gestärkt; der Nerv hingegen dadurch geschwächt. Also übe man seine Muskeln durch jede angemessene Anstrengung, hüte hingegen die Nerven vor jeder.

ARTHUR SCHOPENHAUER (1788–1860)

Schopenhauer lebte durchaus so, wie er es in dem obigen Satz forderte. Er mied Lärm und starke Sonne, um seine Nerven zu schonen; und er ging täglich mit seinem Pudel spazieren. Sport im engeren Sinne wurde ja zu seiner Zeit nur selten betrieben.

Mittlerweile muss man allerdings auch zugestehen, dass der Philosoph mit seiner Forderung nach moderater Bewegung wohl völlig richtiglag. Denn in der Sportmedizin hat man in den letzten Jahren auch umdenken müssen. Der Satz, wonach der Bewegungsreiz nicht intensiv genug sein kann und möglichst viele Kalorien verbrannt werden müssten, hat sich als Irrtum herausgestellt. Mittlerweile kann man sogar behaupten, dass sich die Sportmedizin auf die philosophische Denkweise eingependelt hat. Was konkret heißt: möglichst viel Bewegung, doch sie sollte so weit wie möglich unter entspannter Kontrolle bleiben.

Das gesündeste Verhältnis zum Sport haben laut wissenschaftlichen Studien wahrscheinlich jene, die gar nicht sonderlich merken, dass sie eine Art von Leistungssport betreiben. Wie etwa der Postbeamte, der jeden Tag mit dem Fahrrad seine Briefe zustellt und dabei auf dreißig Kilometer Strampeln pro Tag kommt. Würde man ihn befragen, ob er regelmäßig Sport betreibt, würde er das vermutlich verneinen. Denn das Radfahren ist für ihn nicht etwas, was er extra als Sondereinheit in seinem Alltag installieren muss, sondern etwas, das einfach zu seinem täglichen Aktionsradius gehört. Und genau das ist es, was uns die meisten Bonuspunkte in Richtung Gesundheit spendet. Dass wir uns nämlich nicht in

Marathonläufen, Steilwandklettern und Triathlon verausgaben, sondern im Rahmen unseres Alltags ausreichend bewegen. Beispielsweise dadurch, dass wir das Auto wirklich nur auf langen Strecken benutzen, den Aufzug am besten ganz ignorieren und es uns auch im Büro nicht allzu bequem machen: Die Akte vom fünf Meter entfernten Schrank kann man auch holen, indem man nicht im Bürostuhl dahin rollt, sondern sich von ihm erhebt und zum Schrank läuft.

Die Philosophen betonen immer wieder den großen Wert des flotten Spazierganges für die Gesundheit. Sie sind auch selbst immer wieder als fleißige Spaziergänger aufgefallen. Der schmächtige Friedrich Nietzsche scheute sich nicht vor stundenlangen Märschen in den Höhen und Tiefen der Alpen, und nach den Spaziergängen von Immanuel Kant stellten die Einwohner Königsbergs sogar ihre Uhren, weil der Philosoph seine Strecken so diszipliniert und pünktlich zu absolvieren pflegte. Auch Mahatma Gandhi war ein großer Wandersmann. Selbst wenn er zunächst aus Verlegenheit zum Spaziergänger wurde, weil ihm in seiner Studienzeit in England das Geld für Busse und Bahnen fehlte. Später jedoch macht er daraus eine bewusste Tugend zum Zwecke der Leibesertüchtigung. In seinem Buch »Health Guide« beschreibt er das »Walking« als die »Königin aller Bewegungsübungen«. Weil es nicht nur den Körper trainiert, sondern als Bewegung in der Natur auch den Geist befruchtet. Gandhis Empfehlung für die Länge der zurückzulegenden Strecke: zehn bis zwölf Meilen, also nicht weniger als fünfzehn Kilometer. Das schafft man natürlich nicht im Schaufensterbummel, sondern nur durch forsches Marschieren.

Wissenschaftler bestätigen, dass Gandhi mit seiner Wertschätzung fürs Walking genau richtig liegt. Eine amerikanische Studie an 73 000 Frauen aus dem Jahre 2002 ergab, dass schon fünfundvierzig Minuten Spazierengehen pro Woche ausreichen, um das Risiko von Schlaganfällen und Herzinfarkten deutlich zu senken. Optimal für die Gesundheit ist es aber, wenn man pro Tag eine Stunde lang als Fußgänger aktiv wird: Hier sinkt im Verhältnis zu überwiegend sitzenden und inaktiven Personen das Risiko für Herz-Kreislauf-Erkrankungen um etwa fünfzig Prozent.

Nichtsdestoweniger gilt es auch beim Walking einige Trainingsregeln zu beachten. Denn im Unterschied zum Joggen, wo die Trainierenden sich gerne überlasten und dementsprechend »zurückgepfiffen« werden müssen, muss man, wie Sportwissenschaftler Markus Schwarz von der Universität des Saarlandes betont, »beim Walking eher für Antrieb sorgen«. Die entsprechenden Formeln lauten hier also nicht »Laufen ohne zu schnaufen«, sondern vielmehr »zügiges Gehen«, »strammes Marschieren« oder »sportlich flottes Gehen«. Älteren Gesundheitssportlern empfiehlt Schwarz ein Tempo von 5 bis 6,5 Kilometer pro Stunde, normal leistungsfähige Walker sind hingegen bei einem Tempo von 6,5 bis 8 Kilometer die Stunde gut aufgehoben. Das liegt immer noch etwas unter dem Tempo, das Gandhi mit seinen Sandalen als Sechzigjähriger vorlegen konnte.

Hör auf mit dem vielen Essen; dann wirst du angenehmer, billiger und gesünder leben.

XENOPHON (CA. 430–355 V. CHR.)

Wie der Sexualtrieb so gehört auch der Nahrungstrieb zu den Dingen, die uns Lust und Freude machen können. Daran ist sicherlich nichts Schlimmes, doch beide bergen als Lustquellen die Gefahr, dass sie aus dem Ruder laufen und für Körper und Geist zur Last werden. Viele Philosophen plädieren daher für die Askese oder zumindest für eine spartanische »Ess-Vernunft«. So warnte Friedrich Nietzsche: »Du musst nicht nur mit dem Munde, sondern auch mit dem Kopfe essen, damit dich nicht die Naschhaftigkeit des Mundes zugrunde richtet.«

Und Mahatma Gandhi geht sogar noch einen Schritt weiter, plädiert für eine Art »Nahrungspflicht«: »Nahrung sollte aus Pflichtgefühl verzehrt werden – wie ein Heilmittel zur Erhaltung des Körpers –, nicht aus Vergnügen am Essen. Das Vergnügen entsteht dann aus der Befriedigung des echten Hungers.«

Dieses Gebot dürfte freilich wie das Gebot der sexuellen Askese für die meisten von uns schwer nachvollziehbar sein. Denn wer möchte schon auf den Besuch beim »Italiener« oder auf den Schmorbraten der Oma verzichten? Nichtsdestoweniger sollte man eine gewisse Nahrungsaskese nicht unreflektiert als Spinnerei abtun.

Betrachten wir nämlich die aktuellen Ernährungstrends unserer Zeit, so fällt auf, dass einerseits viel mehr Wert auf »gepflegtes Essen« gelegt wird, was man allein anhand der unzähligen Restaurants, Cafés und Bistros ablesen kann. Andererseits sind die Menschen weniger denn je dazu bereit, sich ihr Essen selbst zuzubereiten. Denn nicht nur Restaurants, sondern auch die Produzenten von Fast Food und Fertigkost machen traumhafte Umsätze; vorgefertigte Müslis, Joghurts, Suppen, Saucen und Milchschnitten beherrschen die Supermarktregale.

Es besteht also ein verstärktes Bedürfnis nach kulinarischen Anreizen, gleichzeitig aber auch eine zunehmende Weigerung, für die Befriedigung dieses Bedürfnisses Zeit und Arbeit zu investieren. Ganz zu schweigen davon, dass der Konsument nicht weiß, was alles in den vorgefertigten Menüs drin ist. Es baut sich eine Entfremdung zwischen uns und unserer Nahrung auf. Wir muten unserem Körper etwas zu, was wir unmöglich kalkulieren können. Ganz zu schweigen davon, dass wir durch dieses Nicht-Wissen in Kauf nehmen, etwas zu essen, was aus problematischer Produktion wie etwa der Massentierhaltung kommt.

Man kann diese Ernährungsweise wohl am besten mit dem Terminus »ignorantes Genussessen« bezeichnen. Ob das gesund ist oder nicht, kann nicht abschließend beantwortet werden. Die Produkte der modernen Lebensmittelindustrie geraten allerdings immer wieder ins Fadenkreuz von Verbraucherschützern und Ernährungsmedizinern. Von philosophischer Relevanz ist aber in jedem Fall, dass die Ignoranz gegenüber unserer Ernährung aus moralischer Sicht problematisch ist. Weil sie nämlich einen weiteren Baustein in unserer Ignoranz gegenüber Welt und Mitmensch darstellt: Wenn wir uns in den trivialen Dingen des Alltags unmoralisch verhalten, werden wir auch in den großen Dingen wie etwa Politik und Business keine moralische Integrität und damit letzten Endes auch keine echten Erfolge erreichen können. Denn wer beim Essen maßlos zulangt und sich mehr Kalorien einverleibt, als ihm guttut – warum sollte er als Geschäftsmann anders sein als gierig und zügellos? Warum sollte derjenige, der sich ohne Wimpernzucken Kantinen- und Fertiggerichte einverleibt, ohne Ahnung, wie sie zubereitet und aus was sie hergestellt wurden, im politischen Leben an der Wahrheit interessiert sein? Weswegen sollte jemand, der noch nicht einmal einen Gurkensalat zubereiten kann, dafür aber in schicken Edelrestaurants mit der goldenen Kreditkarte wedelt, als Gewerkschaftsführer ehrlich für die Anliegen der Arbeitnehmer eintreten?

Im Verhältnis zu der Art, wie die Frau konstitutiv ihren eigenen Leib erlebt – wie sie sich in ihm fühlt und weiß –, führt der Mann den seinen so distanziert mit sich, wie wenn er ein Hündchen an der Leine wäre. MAX SCHELER (1874–1928)

Wissenschaftliche Studien bestätigen: Männer leben ungesünder als Frauen. Sie haben öfter Übergewicht, essen zu viel Fette, ignorieren körperliche Warnsignale, gehen seltener und meistens zu spät zum Arzt und zeigen sich weniger kooperativ in ärztlichen Therapien. Und dies hat wesentlich mit dem zu tun, was uns der deutsche Anthropologe Max Scheler mit seinem Satz vorgibt. Männer führen nämlich ihren Leib wie einen Hund an der Leine mit sich: immer auf Distanz, bloß nicht zu nahe.

Es gibt Männer, die wissen mehr über ihr Auto als über ihren Körper. Sie fahren auch eher zur Werkstatt, wenn ihrem Auto etwas fehlt, als dass sie mit körperlichen Beschwerden zum Arzt gehen würden. Hauptursache für dieses Phänomen: Es entspricht nicht dem männlichen Ideal von Härte und Widerstandskraft, sich allzu sehr um den eigenen Körper zu kümmern. Der männliche Wille hat vielmehr frei zu sein – so frei, dass ihm auch die Bedürfnisse und Beschwerden des Leibes keine

Grenzen aufzwingen dürfen. Männer »entdecken« in der Regel erst im fortgeschrittenen Alter ihre Krankheiten – und dann neigen sie dazu, ihrer Umwelt damit auf die Nerven zu gehen. Doch das hat nichts mit zunehmender Sensibilität zu tun. Sondern damit, dass ein alternder Mann kaum noch Mittel hat, auf andere Weise Macht über die Mitmenschen auszuüben und sie deswegen mit der eigenen Krankheitsgeschichte drangsalieren muss.

Ein Teil der Heilung war schon immer, geheilt werden zu wollen.

LUCIUS SENECA (4 V. CHR. – 65 N. CHR.)

Die moderne psychosomatische Medizin kann diesen Satz nur bestätigen. Demnach kann eine hoffnungsvolle Einstellung gegenüber einer Krankheit deren Verlauf deutlich abkürzen. Bei schweren Erkrankungen wie etwa Krebs kann es sogar sein, dass eine optimistische Grundhaltung die Heilung überhaupt erst möglich macht. Der Grund: Psychische Einstellungen wirken über Hirn, Nervenbahnen und Hormone auf Immunsystem, Schmerzwahrnehmung, Muskelspannung und andere körperliche Faktoren, die für unsere Gesundheit wichtig sind.

Wichtig ist aber, dass der »Wille zu Heilung« nicht verkrampft daherkommt. Wer etwa von seiner Krankheit in null Komma nichts befreit werden will, weil einige wichtige Termine ins Haus stehen (nach dem Muster: »Herr Doktor, machen Sie mich schnell gesund und geben Sie mir ein paar Pillen, denn morgen hab ich ein wichtiges Meeting.«), trägt nicht zu seiner Heilung bei. Im Gegenteil. Dadurch, dass er sich selbst die nötige Pause und Schonung versagt, wird er wahrscheinlich seinen Zustand sogar verschlimmern. Ähnliches gilt auch für Menschen, die ihre Krankheiten verleumden (»Mir geht es gar nicht so schlecht. Alles nur halb so schlimm.«). Zum echten Willen zur Gesundheit gehört auch, dass man seine Krankheiten akzeptiert.

IT'S COOL, MAN!

Lucius Seneca gehörte zu den sogenannten Stoikern, deren Philosophie seinerzeit ausgesprochen populär und beliebt war. Dabei verdankt sie ihre Existenz eher dem Stigma der Ungeliebtheit. Denn gegründet wurde die stoische Schule durch den auf Zypern geborenen Philosophen Zenon (333–261 v. Chr.), der höchstwahrscheinlich durch seine Hässlichkeit – hager, krummer Hals, dicke Waden, grünliches Gesicht – dazu gebracht wurde, das Äußerliche als nichtig abzukanzeln und das innere Wesen der Natur zu suchen. Seine ersten Lehrtätigkeiten verrichtete er in einer Athener Säulenhalle, der Stoa poikile, die ihm und seinen Anhängern auch gleich den künftigen Namen verlieh: die Stoiker. Als Zenon mit zweiundsiebzig Jahren auf den Treppen der Säulenhalle zu Tode stürzte, ging die Leitung der Schule an den ehemaligen Berufsboxer Kleanthes (331–232 v. Chr.) über. Er führte mit dem ehemaligen Rennsportler Chrysippos (281–208 v. Chr.) legendäre Streitgespräche, die zu einer der größten Fundgruben stoischer Weisheiten wurden. Kleanthes starb, beinahe hundert Jahre alt, indem er die Nahrung verweigerte. Sein streitbarer Partner hingegen lachte sich zu Tode, als er einem Esel zusah, der einen Kübel Wein leergesoffen hatte und danach im Hof von Chrysippos herumtorkelte.

Tugendwächter, Moralapostel und Weltverneiner bildeten traditionell den Löwenanteil der Stoa-Anhängerschar. Ihr tatsächlicher Einfluss auf die Geschichte war entweder mäßig oder aber verheerend.

So gelang es dem römischen Stoiker Seneca nicht, sich gegen den Wahnsinn seines Zöglings Nero durchzusetzen. Kaiser Marc Aurel schickte mit stoischer Gelassenheit Tausende von Christen in den Tod, und letztlich müssen auch Inquisition und preußischer Militarismus mit ihrer Verherrlichung des Pflichtgefühls im Zusammenhang mit Stoa gesehen werden.

Dabei hört sich der prinzipielle Gedanke der Stoiker durchaus friedfertig an: Es geht darum, in jeder Situation den Gleichmut und die berühmte stoische Ruhe zu bewahren. Denn deren Gegenteil – die Leidenschaften – seien »eine naturwidrige seelische Erregung, die von der rechten Einsicht abgewandt ist«. Bleibt die Frage, warum es widernatürlich sein soll, wenn uns die Gefühle überrennen. Doch die Antwort fällt leicht, wenn man sich den stoischen Naturbegriff näher betrachtet. Denn die Leute aus den Säulenhallen unterstellen eine intelligente Natur, die weiß, wohin sie will. Es wirkt in ihr also nicht der willkürliche Zufall, sondern ein göttliches Prinzip, das dem Ganzen einen höheren Zweck verleiht. Zenon nennt es den »logos spermatikos«, und es sei unsere Pflicht, diesem Logos die ihm zustehende Geltung zu verschaffen. Der Mensch mithin als Erfüllungsorgan einer höheren, göttlichen

Instanz – hier bahnt sich bereits an, was ein paar Jahrhunderte später in der Bibel verkündet werden sollte.

Gegen Schmerzen der Seele gibt es nur zwei Arzneimittel: Hoffnung und Geduld.

Pythagoras (ca. 570–490 v. Chr.)

Pythagoras war nicht nur als Philosoph und Mathematiker, sondern auch als Arzt und Psychotherapeut aktiv (er entwickelte beispielsweise die Musiktherapie!). Bei dieser Arbeit stellte er fest: Viele seelische Probleme erledigen sich von selbst, sofern man nur weiterhin hofft und geduldig auf seine Genesung zuwartet.

Heutige Wissenschaftler können das nur bestätigen, auch wenn es natürlich schwere Erkrankungen wie Aids, Epilepsie oder Psychosen gibt, die nicht nur durch Geduld und Hoffnung quasi von selbst heilen. Nichtsdestoweniger gilt es mittlerweile als erwiesen, dass optimistische Menschen weitaus größere Heilungschancen haben als pessimistische. Und das nicht nur im Hinblick auf seelische Probleme. Auch körperliche Erkrankungen heilen schneller, wenn wir ihnen mit Zuversicht und Geduld begegnen. Der Grund: Unser Immunsystem steht in engem Kontakt mit unserem Gehirn – je mehr das Hirn unter negativem Stress steht, umso schlechter arbeitet auch die Immunabwehr. Also: Im Falle einer Krankheit nicht sich selbst und den Arzt unter Druck und auf eine schnelle Heilung setzen. Viele Dinge brauchen eben ihre Zeit – und dazu gehören auch die natürlichen Heilungsprozesse von Körper und Seele.

Der Schmerz verschenkt seine Heilkraft dort, wo wir sie nicht vermuten.

Martin Heidegger (1889–1976)

Können Schmerzen heilen? Ja, das können sie. Wenn man genau darüber nachdenkt, ist es sogar ihr Sinn. Zahnschmerzen sollen uns davor bewahren, den Zahn beim Kauen weiter zu belasten; Rückenschmerzen haben den Sinn, dass wir keine Bewegungen machen, die den Rücken weiter belasten.

Sicher, es gibt auch Schmerzen, die diesen biologischen Sinn nicht mehr haben. Chronische Rheumaschmerzen etwa oder immer wiederkehrende Migräneattacken. Doch selbst in diesen Fällen entfaltet der Schmerz möglicherweise seine eigentümliche Heilkraft. Indem er den Blick auf unser Dasein als Ganzes lenkt und uns die Augen dafür öffnet, dass es im Prinzip eine Gnade ist, Dinge jenseits des Schmerzes erleben zu dürfen. Eine Erweiterung unseres Horizonts, die schließlich dazu führen sollte, dass wir dankbarer werden für die Phasen des Glücks, die uns täglich immer wieder zufallen. Auf diese Weise wird der Schmerz durchaus zum Heiler, der uns vielleicht nicht von einer Krankheit im eigentlichen Sinne, wohl aber von Maßlosigkeit und Überdruss befreit, die ja für unser Leben mindestens genauso schädlich sein können.

Das Geheimnis der Medizin besteht darin, den Patienten abzulenken, während die Natur sich selbst hilft.

VOLTAIRE (1694–1778)

Sicherlich ein pessimistisches Statement zu den Möglichkeiten der Medizin. Doch auch wenn Medizin sicherlich mehr sein kann als ein bloßes Ablenkungsmanöver – ist Voltaires Ansicht wirklich so überzogen? Wohl nicht. Denn die nähere Betrachtung von Krankheitsverläufen zeigt immer wieder, dass die eigentliche Heilung erst dann kommt, wenn wir selbst das Zepter im Kampf gegen die Krankheit übernommen haben. So wirken Antibiotika wohl tödlich auf Bakterien. Doch richtig besiegt ist die Infektion erst dann, wenn unser Immunsystem die unerwünschten Eindringlinge besiegt hat. Und Antidepressiva können wohl die Heilung einer Depression unterstützen. Doch endgültig geheilt ist der Patient erst dann, wenn er keine Medikamente mehr braucht und sich seine Seele aus eigener Kraft so weit stabilisiert hat, dass sie nicht mehr so schnell aus der Bahn geworfen wird.

Nicht umsonst appellieren Naturmediziner dafür, die Selbstheilungskräfte zu stärken, statt sie mit hochentwickelten Medikamenten zu manipulieren. Man kann ihre Einstellung teilen oder nicht – Tatsache ist, dass *wir* letzten Endes den Kampf gegen unsere Krankheiten gewinnen müssen und uns die Medizin allenfalls dabei unterstützen kann.

Es gibt Krankheiten, von denen man gehörig und gründlich nur dadurch genest, dass man ihnen ihren natürlichen Verlauf lässt, nach welchem sie von selbst verschwinden, ohne eine Spur zu hinterlassen.

ARTHUR SCHOPENHAUER (1788–1860)

So formulierte es Arthur Schopenhauer, der selbst ein großer Skeptiker der Medizin war, und sich bis ins hohe Alter hinein (er starb vollkommen überraschend, niemand hatte damit gerechnet) bester Gesundheit erfreute.

Am deutlichsten wird die Wahrheit des Schopenhauer'schen Satzes am Beispiel des Fiebers, bei dem es sich um nichts anderes handelt als um eine natürliche Abwehrreaktion des Körpers: Die Körpertemperatur wird erhöht, um die Abwehrkräfte unseres Körpers zu mobilisieren und einige Keime direkt zu attackieren (die meisten Bakterien haben Probleme mit erhöhten Umgebungstemperaturen). Außerdem setzt es uns matt, es macht müde und abgeschlagen, so dass wir uns im Bett ausruhen, anstatt uns körperlich und geistig zu belasten. Selbst die unter Fieber aufkommende Appetitlosigkeit hat den Sinn, uns vor der Belastung zu schützen, die von einem prall gefüllten Magen ausgeht. Fieber hat also, sofern es nicht problematische Temperaturen von über vierzig Grad erreicht, durchaus seinen biologischen Sinn und sollte daher nicht unbedingt mit entsprechenden Medikamenten gesenkt werden.

Wie man überhaupt die Selbstheilungskräfte des Körpers nicht unterschätzen sollte. Sie wurden dem Menschen – wie allen anderen Lebewesen – durch die Evolution in die Wiege gelegt, ohne sie wäre er schon längst ausgestorben. In jeder Minute toben in ihm irgendwelche Kämpfe, in denen sein Immunsystem sich gegen Eindringlinge zur Wehr setzen muss wie etwa Viren, Bakterien und Pilze, aber auch Gifte sowie tote und entartete Körperzellen, die vom eigenen Organismus stammen. Fast immer triumphiert das Immunsystem. Manchmal spüren wir Fieber, doch oft merken wir nur wenig bis gar nichts davon. Oder aber: Wir ignorieren es. Dabei liegt es weniger an Aspirin-Tabletten oder Vitamin-C-Pülverchen, sondern vor allem an unseren Selbstheilungskräften, dass wir einige Tage nach dem Ausbruch einer Erkältung wieder auf dem Damm sind.

In unserem Körper sind also immer diverse »Selbstheilungseinheiten« bei der Arbeit. Am interessantesten sind sie aber natürlich dort, wo sie niemand mehr erwartet. Also bei Erkrankungen, von denen es normalerweise kein Zurück mehr gibt. Wie bei Parkinson und Aids, aber auch bei Alzheimer, Multipler Sklerose, Arthrose und Krebs. Hier werden die Spontanheilungsraten von Wissenschaftlern als sehr gering eingeschätzt, beim Krebs etwa auf 1:60000 bis 1:100000. »Möglicherweise sind die Quoten aber auch höher«, betont die amerikanische Biochemikerin Caryle Hirshberg, die ein umfangreiches Datenregister zu Spontanremissionen eingerichtet hat. Denn oft verläuft eine unerwartete Genesung im Stillen, ohne dass ein Arzt sie registriert hätte.

Überhaupt würde die Medizin, klagt Hirshberg, das Thema recht stiefmütterlich behandeln. Doch dies darf nicht wirklich verwundern. Denn mit jeder größeren Selbstheilung stellt sich aufs Neue die Frage, ob göttliche Gnade oder zumindest die Kraft der Natur möglicherweise mehr zur Genesung beitragen als all die moderne, ausgetüftelte Medizin. Spontanheilungen demonstrieren eindrucksvoll, dass man auch ohne Arzt gesund werden kann – und damit müssen Mediziner erst einmal klarkommen.

10.
LÄCHELND ABSCHIED NEHMEN:

Was der Tod uns sagen will

Der griechische Philosoph Epikur hatte eine ziemlich einfache Vorstellung vom Tod:

»Der Tod geht uns nichts an. Denn solange wir existieren, ist der Tod nicht da, wenn der Tod da ist, existieren wir nicht mehr.«

Ein Satz, dessen Logik unendlich überzeugend wirkt. Denn in der Tat: Solange wir leben, gibt es noch keinen Tod; und wenn es den Tod gibt, sind wir nicht mehr da. Also warum sich sonderlich darüber aufregen?

Ob die ganze Angelegenheit freilich so einfach ist, wie uns Epikur glauben machen will, ist fraglich. Denn das, was uns ja wohl am Tod am meisten beunruhigt, ist ja die Tatsache, dass wir nicht mehr da sind. Genau für dieses Nicht-mehr-da-Sein brauchen wir Trost und nicht für den Tod an sich. Da ist eben schon ein Unterschied zwischen Logik und Psychologie. Die Logik vermag zwar die Wirklichkeit unbestechlich abzubilden, wie sie ist; doch wie man mit dieser Wirklichkeit zurechtkommt, dabei vermag sie uns nicht zu helfen.

Andere Philosophen wollten daher den Tod nicht so kurzerhand abkanzeln wie Epikur. Ihre Vorstellungen davon waren sehr unterschiedlich, und oft hat man den Eindruck, dass sie auch ihr komplettes Denken prägten. Nicht umsonst sagte Schopenhauer:

»Der Tod ist der eigentliche inspirierende Genius oder der Musaget der Philosophie.«

Er sah also den Tod sogar als Inspiration und musischen Anführer der Philosophie. Aber geht das dann nicht sogar etwas zu weit? Denn es klingt wie eine Bestätigung der üblichen Vorurteile gegenüber den Philosophen, denen ja gerne entgegen gehalten wird, dass sie sich zu sehr um außerweltliche Dinge kümmern würden. Aber wenn Sie die folgenden Zitate lesen, werden Sie merken, dass sie größtenteils auch von einer soliden und alltagsnahen Bodenständigkeit getragen werden. Und wäre eine andere Herangehensweise an den Tod nicht auch unverschämt und eitel?

Das Tier stirbt nicht, es endet bloß; der Mensch aber stirbt, weil ihn auf Schritt und Tritt der Gedanke des Endenmüssens begleitet: Das ist der Verlust des ewigen Lebens. Ludwig Klages (1872–1956)

Ein Tier weiß nicht, dass es sterben muss. Selbst im Angesicht sterbender Artgenossen kann es nicht jenen gedanklichen Quantensprung vollziehen, dass der Tod auch zu ihm kommen wird. Ganz anders der Mensch. Er weiß um seine eigene Sterblichkeit, und das ist der eigentliche Verlust des ewigen Lebens. Denn wenn er nicht um seine Sterblichkeit wüsste, würde er in der Gewissheit leben, dass es mit seinem Dasein niemals zu Ende gehen würde.

Jetzt könnte man natürlich den Schluss ziehen, dass es am besten sei, möglichst wenig ans Sterben zu denken, um sich damit wenigstens gedanklich ein Stückchen Unsterblichkeit zu sichern. Doch die Erfahrung zeigt, dass diese Art der Todesverleugnung nichts bringt. Denn der Tod wird sich uns nähern, auch wenn wir ihn verleugnen. Und als gänzlich Unbekannter wird er uns wahrscheinlich sogar härter treffen, als wenn wir uns schon beizeiten auf ihn vorbereitet hätten.

Diejenigen, welche sich auf rechte Weise mit der Philosophie befassen, scheinen nichts anderes zu betreiben, als zu sterben und tot zu sein, ohne dass es freilich die anderen merken.

PLATON (CA. 428–348 V. CHR.)

Philosophie als ein Streben nach dem Tod? Was meint der griechische Philosoph damit?

Platon sah die vorderste Aufgabe der Philosophie darin, sich vom Leib zu trennen, um ganz im wahren Sein aufgehen zu können. Denn alles Leibliche ist vergänglich, weswegen es auf dem Wege zum unvergänglichen Sein nur ein Hindernis sein kann. Einige Mönche haben im Mittelalter versucht, diesem Ideal gerecht zu werden, indem sie sich kasteit und ihren Leib verleugnet haben. Das Problem dabei: Mit Selbstqualen rückt man das Leibliche sogar noch mehr ins Bewusstsein, es meldet sich noch stärker und fordernder als sonst. Es ist daher sinnvoll, die platonische Idee vom reinen Geist als das zu nehmen, was sie ist. Nämlich als eine Idee, die zu schön ist, um Realität werden zu können. Wer also Philosoph werden will, muss auch im platonischen Sinne nicht komplett auf seinen Leib verzichten. Es reicht, wenn er ihm einfach keine Priorität einräumt, sondern ihn als das nimmt, was er ist, nämlich als eine Notwendigkeit, die es nicht wert ist, dass man ihr größere Beachtung schenkt. Wer so denkt, kommt dem Philosophen, wie ihn sich Platon vorstellt, schon ziemlich nahe.

Bleibt die Frage: Wie sieht sie denn nun aus, die Welt jenseits des Leiblichen? Bleibt denn überhaupt etwas übrig, wenn wir es hinter uns lassen?

Genau an diesem Punkt schlägt die große Stunde des Philosophen Platon. Seine Antwort ist nämlich: Gerade ohne das Leibliche kommt das Seiende überhaupt erst zum Vorschein. Und was ist das Seiende? Platons Antwort: Das Seiende ist das, was ist. Wobei das Schwergewicht nicht auf dem »ist«, sondern auf dem »was« liegt. Jetzt wird es wirklich philosophisch – und deshalb Zeit für ein Beispiel, um durchzuatmen.

Nennen wir beispielsweise einen Menschen schön. Er ist nicht etwa schön, weil er ein Mensch ist. Denn wenn er hässlich wäre, bliebe er ja trotzdem ein Mensch, aber seine Schönheit wäre verschwunden. Der schöne Mensch ist mithin etwas, bei dem das Schöne ist und das von ihm weichen kann, insofern ja alles sinnlich Wahrnehmbare weichen kann. Das Schöne selbst aber oder die Schönheit an sich kann nicht von selbst verschwinden. Es ist identisch mit sich selbst, unteilbar, und kann sich deshalb nicht auflösen. Es ist unveränderlich – und bleibt, was es ist. Das unwandelbar Schöne wird immer als Schönes gesehen, allerdings nicht durch die Wahrnehmung, sondern durch das *schauende* Denken. Und genau da kommt der Begriff der »Idee« ins Spiel. Weil nämlich das griechische »idea« auf Deutsch »Aussehen« und »Gestalt« bedeutet.

Die Ideen sind von sich aus das, was sie sind, im Gegensatz zum sinnlich Wahrnehmbaren, das immer nur durch Hinzutreten von etwas anderem entsteht. Ideen sind einmalig. Es mag also zahllose schöne, gerechte und gute Menschen geben, doch Schönheit, Gerechtigkeit und vor allem das Gute sind einmalig und unteilbar. Und weil der Philosoph sich vornehmlich mit diesen einmaligen und unteilbaren Ideen beschäftigt, ist er quasi ein Sterbender, insofern er sich eben nicht mit den Dingen und Lebewesen beschäftigt, in denen sich diese Ideen zeigen.

Platons Ideenlehre hat aber nicht nur Konsequenzen für das Verständnis von Philosophie, sondern auch für das Verständnis vom Sterben. Sie bedeutet nämlich, dass wir uns durch philosophische Beschäftigung mit den Ideen aufs Sterben vorbereiten, uns darin einüben. Es ist kein Zufall, dass die großen Philosophen der Weltgeschichte in der Regel sehr gelassen in den Tod gegangen sind.

Ein langes, erfülltes und ernstes Leben

Das Leben von Platon wurde immer wieder von Enttäuschungen durchgeschüttelt. So wollte er als ambitionierter Sprössling einer alten Adelsfamilie hinein in die große Politik, doch die Athener Demokratie war zu seiner Zeit nur noch ein Abklatsch ihrer selbst, durchzogen von Korruption und Dekadenz. Schließlich das Horrorereignis schlechthin, als man Platons Freund Sokrates zum Tode verurteilte. Der junge Aristokrat fuhr daraufhin nach Sizilien zum Tyrannen Dionysos, dem er ein Jahr lang vergeblich versuchte, Manieren beizubringen. Der Despot verschleppte den Philosophen sogar auf eine Galeere, um ihn auf dem Sklavenmarkt zu verkaufen: »So viel Wert hat ein Philosoph, und er weiß es nicht einmal.« Platon wurde von einem Freund freigekauft und gründete dann, zwei Kilometer vor den Toren Athens, seine berühmte Schule, die Akademie.

Dort verfasste er ein gigantisches Schriftwerk,

obwohl er das innere Wesen seiner Lehre für nicht vermittelbar hielt: »Darüber gibt es keine Schrift von mir, und es wird auch nie eine geben, weil es sich nicht wie Anderes, was man erlernen kann, in Worte fassen lässt.« Sein zentraler Gedanke war die Ideenlehre, wie sie im »Höhlengleichnis« niedergelegt ist. Demzufolge ist die sichtbare Welt nichts anderes als eine Welt von Schatten, die von der Sonne an die Höhlenwand geworfen werden und die wir Höhlenbewohner für wahr halten, weil wir ja nichts anderes kennen. Tatsache ist jedoch, so Platon: Die wahre Welt befindet sich außerhalb der Höhle, dort, wo die Sonne scheint. Es sind die Ideen, und die befinden sich auf einer Pyramide, wobei an der Spitze die Ideen mit dem höchsten Seinsanspruch und ganz unten jene mit dem geringsten Seinsanspruch stehen. An der Spitze: die Idee des Guten. Darunter die moralischen Werte wie Gerechtigkeit und Tugend, darunter wiederum die Mathematik und ganz unten schließlich die Ideen der in der Natur vorkommenden Dinge, also der Hund an und für sich, die Sonne an und für sich und so weiter. Und für Platon steht auch fest, wer sich mit welchen Ideen beschäftigt: Philosophen wie er arbeiten nämlich an der Pyramidenspitze, während sich die Naturwissenschaftler mit der schnöden Basis beschäftigen dürfen. So zeigt man den konkurrierenden Denkern von der Biologen- und Physikerfront gleich, wo der Hammer hängt.

Glücklich wurde der Philosoph jedoch nie. Platon war – ähnlich wie Kungfutse – ein strenger Moralist, und als solcher hat man allenfalls Zuhörer und Anhänger, aber nicht viele Freunde. Seine berühmte »platonische Liebe« strebt nicht nach Sinnlichem und noch nicht einmal nach der Vereinigung der Seelen, sondern nach der Schönheit an sich, nach der Idee des Schönen. Auf so einer Grundlage können normale Menschen in der Regel keine Beziehung aufbauen. Stattdessen machte Platon sich immer wieder unbeliebt. So fuhr er insgesamt dreimal nach Sizilien, um dort Einfluss auf die Politik zu nehmen, und jedes Mal konnte er froh sein, mit dem Leben davonzukommen. Darüber hinaus prügelte er mit seiner rhetorischen Gewalt pausenlos auf Andersdenkende ein, vor allem auf Demokrit, dessen Schriften er sogar verbrennen lassen wollte. Platon starb mit einundachtzig Jahren auf einem Hochzeitsbankett. In seinem ganzen Leben hatte ihn kein einziger Mensch jemals lachen gesehen.

Reiche und Arme, Junge und Alte, Erwachte und Verblendete – alle müssen sterben: der Tod kommt zu jedem von uns. Jeder – auch wenn er diese Wahrheit kennt – macht sich glauben, er sei der letzte, der sterben müsse, nachdem alle anderen diesem unausweichlichen Schicksal begegnet sind. Keiner hegt den Gedanken an den nahenden Tod, der jeden Moment an seine Tür klopfen kann. Wie kurzsichtig!

Wenn es irgendeine geheime Formel für den Umgang mit dem sicheren Tod gibt, liegt sie in der Vorstellung, dass nichts, was man tut, den Tod vermeiden kann, dass das eigene Leben nichts als ein leerer Traum ist. Hast Du das begriffen, sei niemals unaufmerksam gegenüber dem Schatten des Todes, der dicht um Deine Füße herumschleicht. Erspare Dir keine Mühe, früh darauf vorbereitet zu sein.

Yamamoto Tsunetomo (1659–1719)

Es gehört zu unserer Biologie gerade dann, wenn wir noch jung sind, keine tieferen Gedanken an den Tod zu verschwenden. Das ist natürlich, und wer sich als junger Mensch permanent um den eigenen Tod bekümmert, ist vermutlich neurotisch – oder sogar depressiv. Doch für die persönliche Entwicklung kann es nur nützlich sein, sich insgesamt mit der Vergänglichkeit des Lebens zu beschäftigen.

Viele der Probleme unserer Zeit wie etwa die unmäßige Ich- und Geltungssucht resultieren auch daraus, dass wir den Tod unter allen Umständen aus unserem Umfeld entfernen: Die Greise kommen ins Altersheim, die meisten Sterbenden enden im anonymen Krankhausbett anstatt im Kreise ihrer Familie. Ist das wirklich nötig? Und macht es unsere Seele wirklich leichter, wenn wir den Tod außen vor lassen? Es sind schon mehr Menschen durch Lotto- oder Aktiengewinne aus dem Ruder gelaufen als durch die Trauer oder das Angesicht eines Sterbenden.

Der Tod lächelt uns alle an, das einzige, was man machen kann, ist zurücklächeln!

MARC AUREL (121–180)

Als Stoiker war Marc Aurel traditionell viel daran gelegen, gegenüber dem Tod gelassen zu bleiben, ihn nicht als Feind zu sehen, sondern als Freund, den man anlächeln sollte. Das Interessante ist jedoch, dass die Beschäftigung mit dem Tod, wie amerikanische Wissenschaftler herausgefunden haben, tatsächlich unseren Humor anregt.

Ein Forscherteam um den Sozialpsychologen Christopher Long von der Ouachita Baptist University in Arkansas konfrontierte 117 Testpersonen unterschwellig mit dem Gedanken ans Sterben: Während sie am Bildschirm eine Aufgabe bearbeiteten, blitzte ganz flüchtig, für 33 Millisekunden, das Wörtchen »Tod« auf. Das war zu kurz, um die Bedeutung des Wortes bewusst zu registrieren, aber lange genug, um vom Gehirn bearbeitet und assoziativ verknüpft zu werden. Zum Vergleich wurde einer zweiten Gruppe von Probanden stattdessen – ebenso blitzartig – das Wörtchen »Schmerz« gezeigt.

Wieder andere Teilnehmer mussten sich hingegen bewusst und zielgerichtet mit der Vorstellung von Tod und Vergänglichkeit auseinandersetzen. In einem kleinen Aufsatz sollten sie die Gefühle und Empfindungen ausdrücken, die ihnen beim Reflektieren über den eigenen Tod durch den Kopf gingen. Eine Vergleichsgruppe setzte sich stattdessen wiederum mit dem Thema Schmerz auseinander, indem sie über einen Zahnarztbesuch der unangenehmeren Art reflektierten.

Anschließend bekamen alle Teilnehmer die kreative Aufgabe, den Cartoon aus einer Zeitschrift möglichst originell zu betexten. Die Ergebnisse wurden von einer Jury bewertet, die nicht wusste, welcher experimentellen Gruppe die Testhumoristen jeweils angehört hatten. Das Ergebnis war eindeutig: Die Studenten, bei denen der Todesgedanke *unterbewusst* angetippt worden war, hatten witzigere Einfälle als die Vergleichsprobanden. Die Humorideen der Teilnehmer hingegen, die *bewusst* über den Tod nachsinnen mussten, wurden von der Jury als weniger originell bewertet als die der Kontrollgruppe.

Eine latente, unterschwellige Todesfurcht regt also den Humor an. Dieses entspricht dem Modell der Angstabwehr nach Sigmund Freud, wonach Humor als psychischer Mechanismus der Angstabwehr dient. Und tatsächlich lässt sich etwa in Kriegs- oder Katastrophengebieten immer wieder beobachten, dass dort nicht etwa weniger, sondern mehr gelacht wird.

Doch warum funktioniert dieser Mechanismus nicht, wenn man sich bewusst mit dem Tod auseinandersetzt und sogar über ihn schreibt? Möglicherweise, so die Vermutung von Studienleiter Long, weil damit die Todesfurcht im wahrsten Sinne zu Tode bewältigt wird, so dass ihr subversiver Speicher für makabren Humor erst einmal erschöpft ist. Es wäre aber auch möglich, dass sich in unserem Gehirn eine Art »moralische Instanz« hinzuschaltet, die fordert, im offenen Angesicht des Todes gefälligst nicht zu lachen. Auch das wäre durchaus im Sinne Freuds, der den mahnenden Zeigefinger des moralischen »Über-Ichs« und seinen unterschwelligen Einfluss auf unser Denken herausgestrichen hat.

Doch bedeutet das etwa, dass wir keinesfalls offen über unseren Tod sprechen sollten? Nein, denn es ist ja keine Katastrophe, wenn uns mal nicht zum Lachen ist. Aber es bedeutet, dass man sich nicht wundern sollte, wenn im Anschluss an eine Beerdigung schon bald wieder herzhaft gewitzelt und gelacht wird. Dieses Verhalten erleichtert uns nämlich die Vorstellung, dass irgendwann einmal ein Sargdeckel zwischen uns und den Lachenden sein wird.

Wer immer das Beste hofft, der wird alt, vom Leben betrogen;

Wer immer auf das Schlimmste vorbereitet ist, der wird zeitig alt;

Aber wer glaubt, der bewahrt eine ewige Jugend.

Sören Kierkegaard (1813–1855)

Das Leben hat bekanntlich stets Rückschläge für uns parat, und deswegen ergibt es keinen Sinn, immer nur auf das Beste zu hoffen. Wer das macht, wird sich vom Leben betrogen fühlen und als lamentierender Meckergreis enden. Es bringt jedoch auch nichts, stets auf das Schlimmste vorbereitet zu sein. Denn ein solcher Mensch lebt unter ständiger Angst, und ständige Angst trägt bekanntlich dazu bei, dass wir schon mit vierzig Jahren aussehen wie sechzig.

Die Lösung aus diesem paradoxen Zwiespalt, so sagt es Kierkegaard, heißt Glauben. Weil Glauben nicht etwa Nicht-Wissen heißt, sondern: frei von Zweifeln zu sein. Vor allem frei von jenen Zweifeln, die unser Lebensglück betreffen. Ein religiöser Mensch ist sicher, dass alles, was jetzt und hier geschieht, einen Sinn hat, selbst dann, wenn es sich um den Tod handelt. Dies bewahrt ihm eine Zuversicht, die ihn jung und frohen Mutes hält. Einen atheistischen Menschen mag dies freilich nicht zu überzeugen. Doch es lohnt sich für *jeden*, einmal darüber nachzudenken. Denn Glaube muss ja nicht unbedingt bedeuten, dass man an einen Gott glaubt.

Den Tod fürchten die am wenigsten, deren Leben den meisten Wert hat. IMMANUEL KANT (1724–1804)

Die Erfahrung zeigt: Einem Menschen fällt das Sterben umso leichter, je erfüllter sein Leben war. Auf den ersten Blick eigentlich ein Paradox, denn wenn das Leben schön war, sollte doch der Abschied umso schwerer fallen. So, wie es uns schwerfällt, eine schöne Party zu verlassen. Und wenn das Leben schlimm war, sollte uns der Abschied umso leichter fallen. So, wie es uns der Abschied von einem ungeliebten Verwandtenbesuch leichter fällt. Beim Tod ist es jedoch genau umgekehrt. Warum eigentlich?

Weil Leben in erster Linie etwas mit Chancen zu tun hat. Am Ende unseres Lebens begreifen wir: Jetzt gibt es keine Chance mehr, noch etwas daran zu ändern. Was natürlich demjenigen, der zuvor seine Chancen im Leben nicht genutzt hat, ungleich schmerzhafter erscheinen muss als jemandem, der seine Chancen nutzte.

Bleibt die Frage, wann ein Leben den meisten Wert hat. Hier gibt es keine objektiven Kriterien. Niemand kann sinnvoll darüber entscheiden, ob das Leben eines erfolgreichen und großzügigen Familienunternehmers, der es offensichtlich »zu etwas gebracht hat«, wertvoller ist als das Leben eines Schichtarbeiters, der am Ende sogar noch seinen Job im Bergwerk verliert und in seiner ohnehin schon trostlosen Arbeitslosigkeit von seiner Frau geschieden wird.

Solche Lebensläufe kann und darf man nicht miteinander vergleichen. Das, was aber jeder selbst für sich beurteilen kann, ist, ob er die ihm zur Verfügung stehenden Möglichkeiten ausreichend genutzt hat, um etwas aus seinem Leben zu machen. Dazu muss man natürlich ehrlich zu sich selbst sein. Außerdem soll das Urteil über sich selbst nicht bedeuten, dass man sich am Ende seines Lebens selbst niedermacht (»Ich hab' mein Leben verpfuscht«). Sondern vielmehr, dass man sich frühzeitig darum bemüht, die eigenen Möglichkeiten wahrzunehmen – bevor sie zu ungenutzten Chancen werden.

Nicht umsonst starb Kant selbst mit den Worten: »Es ist gut.« Denn er hatte die Chancen in seinem Leben genutzt.

Schon als kleiner Junge beschäftigte sich Immanuel Kant mit »dem bestirnten Himmel über mir und dem moralischen Gesetz in mir«. Er studierte zunächst Mathematik und Physik, fristete dann das trostlose Dasein eines Hauslehrers, um schließlich zum Professor für Logik und Metaphysik in Königsberg berufen zu werden. Sein Leben hatte pedantische, fast autistische Züge: Aufstehen, arbeiten und schlafen gehen erfolgten stets nach denselben Ritualen, die Scheren und Messer in seiner Wohnung hatten immer in derselben Richtung zu liegen, die Stühle immer an derselben Stelle zu stehen, und die Einwohner Königsbergs stellten sogar ihre Uhren nach den Spaziergängen des Philosophen. Ansonsten aber war Kant ein durchaus unterhaltsamer Geselle, Freunde rühmten seine »unzerstörbare Heiterkeit und Freude«. Als in seiner Umgebung ein Mann begraben wurde, der am übermäßigen Gebrauch prophylaktischer Arzneimittel gestorben war, bemerkte er trocken: »Er war gesund; weil er aber gesünder als gesund sein wollte, liegt er hier.«

Kaum ein anderer deutscher Philosoph hatte einen derart großen Einfluss auf die Geistesgeschichte wie Immanuel Kant. Sein wesentliches Interesse galt den Möglichkeiten des menschlichen Erkennens und den Grundlagen des moralischen Handelns, in diesen Bereichen erreichte er eine Tiefe, die sich auch Philosophie-Experten nicht ohne weiteres erschließt. Zum Tod hingegen pflegte er eine geradezu volkstümliche Betrachtungsweise. So sagte er:

»Wer im Gedächtnis seiner Lieben lebt, der ist nicht tot, der ist nur fern; tot ist nur, wer vergessen wird.«

Ein Zitat, das die meisten von uns wohl unterstreichen würden, allein schon deshalb, weil es so tröstlich klingt. Für Kant allerdings dürfte es am wenigsten tröstlich gewesen sein. Denn er hinterließ keine Angehörigen, hatte weder Frau noch Kinder. Aber für einen Philosophen ist es nicht ungewöhnlich, gerade in Bezug auf jene Angelegenheiten, die ihm persönlich besonders fremd sind, zu tiefen Erkenntnissen zu gelangen. Er sieht eben besonders scharf, wenn etwas weit weg von ihm ist.

Der Tod ist kein Unglück für den, der stirbt, sondern für den, der überlebt.

KARL MARX (1818–1883)

Das Zitat stammt nicht aus dem philosophischen Werk von Marx, sondern aus seinen persönlichen Lebenserfahrungen – und die waren stark von jenem Unglück geprägt, dass die Zurückgebliebenen empfinden, wenn ein geliebter Mensch von ihnen gegangen ist. So hatte er sieben Kinder – vier von ihnen starben vor ihrem Vater, und Marx überlebte auch seine Frau Jenny.

Doch neben der persönlichen Erfahrung sprechen auch Logik und Erkenntnistheorie für die Wahrheit des Marx-Zitats. Denn diejenigen, die sterben, können kein Unglück mehr empfinden, weil sie ja danach tot sind. Dies bleibt allein denen überlassen, die den Sterbenden überleben.

Der Satz »Meine Gedanken sind bei den Hinterbliebenen« ist also keine leere Phrase, er ist logisch nur konsequent. Sie sind es, die noch mit dem Leben ohne den Verstorbenen klarkommen müssen. Der Verstorbene selbst hat diese Mühe nicht mehr.

Eine Horde verbrecherischer Samurai überfiel ein Zen-Kloster, das von einem absolut furchtlosen Abt geleitet wurde. Der Anführer der Bande brauchte nur zu schreien, und alle Mönche und Stadtbewohner suchten das Weite. Nur einer nicht, der Abt. Er blieb – in sich versunken – im Meditationsraum sitzen. Der Bandenführer war außer sich vor Zorn und bedrohte den Meditierenden mit gezücktem Schwert: »Weißt du nicht, dass ich ein Mann bin, der dich in einem Augenblick mit diesem Schwert durchbohren kann, ohne mit der Wimper zu zucken?« Worauf der Abt nur ruhig erwiderte: »Und ich, Herr, bin der Mann, der in einem Augenblick mit einem Schwert durchbohrt werden kann, ohne mit der Wimper zu zucken.«

Zen-Legende

Eine Geschichte, die deutlich macht, worin eigentlich der größte Mut liegt. Nämlich nicht darin, andere zu töten. Sondern darin, jederzeit zum Sterben bereit zu sein. Was jedoch nicht bedeuten soll, dass den Zen-Meistern nichts am Leben liegt. Doch es ist ihnen nicht mehr oder weniger wert als alles andere. Oder um es anders zu sagen: Ob sie leben oder sterben, beides hat für sie dieselbe Gültigkeit. Sie stehen Tod und Leben im wahrsten Sinne des Wortes *gleichgültig* gegenüber, und deswegen kümmert es sie nicht, wann der Tod zu ihnen kommt.

Man kann davon ausgehen, dass nur die wenigsten von uns nur annähernd die Furchtlosigkeit des Abtes erreichen werden. Müssen wir ja auch nicht. Aber sein Beispiel sollte uns anregen, unser Begriff vom Heldentum zu überdenken. Dass nämlich weitaus mehr Courage dazu gehört, das eigene Sterben ertragen zu können, als andere Menschen zum Sterben zu bringen.

Glücklich ist der, der stirbt, bevor er den Tod gerufen hat.
FRANCIS BACON (1561–1626)

Bacon war keiner, der sich in philosophischen Spekulationen ergötzte. Als Begründer des Empirismus kam es ihm vielmehr auf »harte Fakten« an. Legendär sein Ausspruch: »Wissen ist Macht«, mit dem er eine praktische Nutzanwendung der Naturwissenschaften postulierte. Doch mit dem obigen Zitat zeigte der englische Denker, dass er sich auch auf feinsinnige Psychologie verstand.

So sterben nämlich in der Tat diejenigen am glücklichsten, die der Tod ereilt, während sie mitten im

Leben stehen. Diejenigen, die sich so schlecht fühlen, dass sie nach dem Tod als Erlöser aus ihrem Leiden rufen und möglicherweise sogar an Selbstmord
denken, haben schon mit dem Leben abgeschlossen.
Denn das ist nur ein letzter Akt der Verzweiflung
am Leben. Manchmal freilich lässt sich solch ein
Schicksal nicht verhindern. Doch man sollte auch
als alter oder kranker Mensch zumindest versuchen,
am Leben teilzunehmen. Denn dann bestehen gute
Chancen, dass der Tod wie ein Überraschungsgast
zu einer Party kommt, die auch auf dem Höhepunkt
am leichtesten zu verlassen ist.

Wer vor vielen Zeugen stirbt, stirbt mutig.

VOLTAIRE (1694–1778)

Sterben ist natürlich eine Angelegenheit, die jeder
von uns letzten Endes allein für sich erlebt. Doch es
stirbt sich für die meisten Menschen leichter, wenn
sie es im Beisein anderer tun. Möglicherweise deshalb, weil es die Angst vor dem Allein-Sein nimmt.
Möglicherweise deshalb, weil die Anwesenheit von
Familie und Freunden das Gefühl vermittelt, ein
akzeptiertes und sinnerfülltes Leben gehabt zu ha-

ben. Möglicherweise aber auch deshalb, weil man vor anderen Menschen versucht, die Contenance zu bewahren.

Letzten Endes ist es jedoch gleichgültig, weswegen die Nähe anderer Menschen das Sterben erleichtert. In jedem Falle ist es ein Appell an die Überlebenden, den Sterbenden auf seinem letzten Weg zu begleiten. Es sei denn, dass er selbst es sich wirklich anders wünscht:

Heute, nur heute
Bin ich so schön;
Morgen, ach morgen
Muß alles vergehn!

Nur diese Stunde
Bist du noch mein;
Sterben, ach sterben
Soll ich allein.

THEODOR STORM (1817–1888)

Nachwort

DAS FRAGEN GEHT WEITER

Alles ist möglich. Und wenn nicht, dann wird es nicht mehr lange dauern. Schon entdecken Astronomen die ersten Planeten außerhalb unseres Sonnensystems, schickt uns eine Raumkapsel gestochen scharfe Bilder vom Mars, spielen Computer mit winzigen Chips Schach auf Großmeister-Niveau, werden die Menschen, zumindest in den Industrienationen, so alt wie nie zuvor. Wer braucht in solch einer Zeit, in der es praktisch auf alles eine Antwort gibt, schon noch die Philosophie? Und dann noch als Gebrauchsanweisung? Was kann sie schon noch leisten als eine Universal-Wissenschaft, wo doch die Fortschritte in den Einzelwissenschaften von den meisten Menschen nicht mehr begriffen werden?

Die Antwort: Sie kann Fragen stellen. Und zwar

genau jene Fragen, die heute noch so aktuell sind wie vor 3000 Jahren, nur dass sie heute im Alltagstrubel oft vergessen werden. Fragen wie: Was ist der Sinn des Lebens, und hat es überhaupt Sinn, darüber nachzudenken? Was bringt es uns, anderen Menschen Gutes zu tun? Wem nutzt es, wenn wir tolerant und respektvoll gegenüber dem Anderen sind? Können wir jemals unser Glück finden? Gibt es überhaupt so etwas wie Erlösung? Was kann ich wissen? Und ist es nicht manchmal besser, die Dinge im mystischen Dunkel zu belassen?

Wir haben in unserer Gebrauchsanweisung diese Fragen tangiert und manchmal auch direkt in den Fokus genommen. Doch abschließend und mit letzter Klarheit beantwortet haben wir sie nicht. Denn das geht gar nicht. Ihre Antwort besteht vielmehr darin, sie überhaupt als Fragen und Problem für unser Denken zuzulassen. Und genau das leistet Philosophie. Sie weist uns den Weg zu jenen Fragen, die wir gerne vergessen, die aber für uns genauso wichtig sind wie für Sokrates vor 2500 Jahren. Oder wie sagte es Mark Aurel so schön: »Es gibt keine Lebenslage, die zum Philosophieren so geeignet wäre wie die, in der ich mich jetzt befinde.« Also: Packen wir es an! Zum Philosophieren ist es niemals zu früh, und niemals zu spät.

Literatur

App, Urs (Hrsg. und Übers.), »Yunmen Wenyan, Zen-Worte vom Wolkentor-Berg«, Bern, 1994

Baumeister, Roy/Tierney, John, »Die Macht der Disziplin«, Frankfurt a. M., 2012

Beck, Charlotte, »Einfach Zen«, München, 2000

Csikszentmihalyi, Mihaly, »Das Flow-Erlebnis«, Stuttgart, 2000

De Crescenzo, Luciano, »Geschichte der griechischen Philosophie. Von Sokrates bis Plotin«, Zürich, 1990

De Crescenzo, Luciano, »Geschichte der griechischen Philosophie. Die Vorsokratiker«, Zürich, 1990

DeLeire, Thomas u. a., »Does consumption buy happiness?«, International Review of Economics (2010), 57: 163 ff.

Dillard, Amanda u. a., »The dark side of optimism«, Pers Soc Psychol Bull (2009), 35: 1540 ff.

Doskoch, Peter, »Das Geheimnis des Erfolgs: der lange Atem«, Psychologie heute, 5/2006

Dunn, Elizabeth u. a., »If money doesn't make you happy, then you probably aren't spending it right«, Journal of Consumer Psychology (2011), 21: 115 ff.

Grant Halvorson, Heidi, »Succeed. How we can reach our goals«, New York, 2010

Han, Byung-Chul, »Philosophie des Zen-Buddhismus«, Stuttgart, 2002

Kast, Verena, »Sich einlassen und loslassen«, Freiburg, 2007

Knischek, Stefan (Hrsg.), »Lebensweisheiten berühmter Philosophen. 4000 Zitate von Aristoteles bis Wittgenstein«, Höfen, 2002

Korth, Michael, »Lexikon der verrückten Dichter und Denker«, Frankfurt a. M., 2003

Nuber, Ursula, »Leben mit einer dicken Haut«, Psychologie heute, 7/2011

Rapp, Christof (Hrsg.), »Die Vorsokratiker«, München, 2007

Reich, John (Hrsg.), »Handbook of adult resilience«, New York/London, 2010

Störig, Hans Joachim, »Kleine Weltgeschichte der Philosophie«, Stuttgart/Berlin, 1981

Tarr, Irmtraud, »Loslassen – die Kunst, die vieles leichter macht«, Freiburg, 2007

Weischedel, Wilhelm, »Die philosophische Hintertreppe. 34 große Philosophen in Alltag und Denken«, München, 1984

Wolf, Axel, »Wie man Ziele erreicht«, Psychologie heute, 5/2011

Zittlau, Jörg, »Sie meinten's herzlich gut. Berühmte Leute und ihre schrecklichen Eltern«, Berlin, 2010

Zittlau, Jörg, »Matt und elend lag er da. Berühmte Kranke und ihre schlechten Ärzte«, Berlin, 2009

Christian Buder
Schwimmen ohne nass zu werden
Wie man mit Philosophie glücklich wird
224 Seiten
ISBN 978-3-7466-3160-8
Auch als E-Book erhältlich

Die Kunst, das Glück zu finden

Wieso gelingt manchen Menschen fast alles, während andere vom
Pech verfolgt werden? Warum fällt es uns so schwer, unser Leben zu
verändern? Was hat es mit unseren Wünschen und Träumen auf sich?
Christian Buder, Autor und Philosoph, befragt große Denker der
Philosophie und unternimmt eine literarische Reise, die ihn zu der
Frage führt, die für jeden von uns von Bedeutung ist. Was macht ein
glückliches Leben aus?

Eine amüsante philosophische Reise – ein Buch darüber, wie
Philosophie unser Leben verändern kann.

**Regelmäßige Informationen erhalten Sie über unseren Newsletter. Jetzt
anmelden unter: www.aufbau-verlag.de/newsletter**

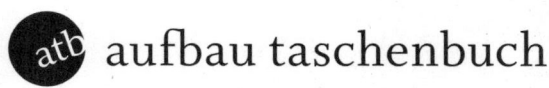